La alegría de perderse cosas

Svend Brinkmann

La alegría de perderse cosas

Sobre el arte del autocontrol
en una época sin límites

Título original: *Gå glip: om begrænsningens kunst i en grænseløs tid*
© 2017 Svend Brinkmann & Gyldendal, Copenhagen
Publicado por acuerdo con Gyldendal Group Agency
y Casanovas & Lynch Literary Agency

© Ediciones Kōan, s.l., 2023
c/ Mar Tirrena, 5, 08912 Badalona
www.koanlibros.com • info@koanlibros.com
ISBN: 978-84-18223-87-7 • Depósito legal: B-21688-2023
© de la traducción del inglés, Marta García, 2023
Diseño de cubiertas de colección: Claudia Burbano de Lara
Ilustración de la cubierta: Victor Riba
Maquetación: Cuqui Puig

Impresión y encuadernación: Liberdúplex
Impreso en España / *Printed in Spain*

1ª edición, enero de 2024

ÍNDICE

La verdadera felicidad nace de la moderación.

JOHANN WOLFGANG VON GOETHE,
La hija natural, 1803

PREFACIO

Este libro trata del arte del autocontrol y del valor de perderse cosas. Sostengo que, a nivel colectivo, es absolutamente imprescindible que todos los países, pero sobre todo los más ricos, dominen este arte para que podamos abordar mejor las crisis presentes y futuras. Asimismo, afirmo que, desde el punto de vista personal, es valioso de por sí para el individuo aprender el arte de «conformarse» en vez de quererlo todo, aquí y ahora. El libro convierte la necesidad en virtud al presentar una defensa apasionada de lo que algunas voces podrían considerar un pensamiento anticuado sobre cómo vivir la vida. Además, tiene una dimensión más política que sus predecesores, *Sé tú mismo* y *Standpoints*, aunque se continúa centrando en los temas básicos éticos y existenciales que parecen preocupar cada vez más a la gente en la actualidad. Mientras *Sé tú mismo* criticaba la obsesión por el desarrollo personal, *Standpoints* procuraba identificar los valores éticos básicos en los que vale la pena mantenerse firme. En *La alegría de perderse cosas* analizo formas de vivir la vida que harían posible que la sociedad en su conjunto se centrara en esos valores. En este sentido, funciona bien con sus predecesores. Para mantenerse fiel a uno mismo en una cosa, necesariamente uno debe perderse otra. Puede que no nos resulte fácil, pero es una necesidad existencial, ética y psicológica.

Además de un enorme agradecimiento a Anne Weinkouff, me gustaría dar las gracias a Anders Petersen, Lene Tanggaard, Ester Holte Kofod, Thomas Aastrup Rømer y Thomas Szulevicz, por haberme regalado su tiempo tan generosamente, leyendo el manuscrito y haciendo comentarios valiosos que dieron forma a la versión final.

LA ALEGRÍA DE PERDERSE COSAS

INTRODUCCIÓN: TENERLO TODO

«Porque tú lo vales», proclama el anuncio clásico de cosmética. «*Just do it!*», implora la empresa de artículos deportivos de fama mundial. En todo momento nos incitan a experimentar todo lo posible durante el mayor tiempo posible en el máximo de contextos posibles. Por suerte, no estamos obligados a obedecer, pero es evidente que estos eslóganes reflejan una cultura que ha cultivado desde hace tiempo la idea de «todo lo posible, tan rápido como sea posible». Y ¿por qué no? ¿Por qué contenerse cuando tenemos la posibilidad? ¿Por motivos de tiempo y dinero? En la cúspide de la década de 1990, el grupo de rock Queen cantaba «Lo quiero todo, y lo quiero ahora», un elogio a querer más que ha servido como *leitmotiv* de la cultura moderna desde entonces.

La vida es corta (trágicamente corta, en el caso de Freddie Mercury), así que tenemos que ver, hacer y experimentar todo lo posible ahora, antes de que sea demasiado tarde. ¡Sin concesiones! O eso piensa mucha gente. «Tenerlo todo» se ha convertido en un ideal, y todos debemos correr de un lado a otro viviendo el presente. *Carpe diem* es uno de los tatuajes más comunes, y hay un (mal) uso generalizado del acrónimo YOLO, *You Only Live Once* [Solo se vive una vez] en redes sociales. Nos decimos los unos a los otros que es preferible hacer algo de lo que podríamos arrepentirnos que arrepentirnos de no haberlo hecho. Perderse algo es lo peor que puede ocurrir. Vivimos con FOMO, *Fear of Missing Out* [Miedo a perdernos algo], otro acrónimo popular, y nos pasamos el día mirando el móvil para ver actualizaciones de estado, resultados de fútbol, ofertas especiales o lo que sea que nos guste. Pero hacerlo todo no es fácil, así que necesitamos ayuda. En Amazon, una búsqueda de «*get more done* [conseguir hacer más]» da como resultado más de 2.000 libros; por ejemplo, *Get more done in less time - And get on with the good stuff.* Una búsqueda más sencilla con «*do more* [hacer más]» ofrece más de 13.000 resultados, desde *Do more better: A practical guide to productivity* hasta *Do more in less time: How you can achieve your goals and live a balanced life.* Lo que no encontrarás son muchos libros sobre hacer menos, y ya no digamos sobre cómo hacer menos durante más tiempo. Pero, en una época de estrés, ¿acaso no sería exactamente eso lo que tendríamos que aprender?

La cuestión es cómo mantener la concentración en un mundo lleno de opciones y tentaciones. Nos bombardean constantemente con invitaciones, en el sentido más amplio de la palabra, a través de todo, desde publicidad en la calle hasta redes sociales. Nos invitan sin parar a hacer algo, pensar algo, experimentar algo, comprar algo, consumir algo. La competencia por nuestra atención es feroz y, al estar inundados por esa cantidad apabullante de información, a veces resulta difícil distinguir lo que es importante de lo que no. Intentamos «navegar en Internet» (como se decía en la década de 1990), esta inmensa ola de información, pero a menudo acabamos hechos polvo y con dificultades para mantener la cabeza fuera del agua. Ahora dedicamos una gran parte de la vida a entrenarnos, de una manera u otra, para experimentar lo máximo posible. Nos tientan con préstamos rápidos, ofertas especiales y solo un episodio más de nuestra serie de TV preferida, cortesía de los servicios de transmisión a la carta. Como especie, hemos creado una sociedad con un paisaje cultural, un nicho ecológico, basado en invitaciones, tentaciones, elecciones y ofertas especiales, sin embargo, es raro que practiquemos el arte del autocontrol, de decir no y optar por no participar, y estas son habilidades de las que carecemos como individuos y como sociedad. Este libro recomienda hacer de la necesidad virtud y practicar el arte de perderse cosas.

Aprender estas habilidades es ya una necesidad porque, durante mucho tiempo, nuestra vida se ha basado en sobreconsumo, crecimiento descontrolado y reducción de nuestros recursos naturales. Ese es el tema del capítulo siguiente. Podemos y deberíamos debatir los detalles precisos de las crisis que ha provocado la humanidad y que enmarcan nuestra existencia. Es un hecho documentado y científico que esas crisis autoinfligidas existen realmente y ese es uno de los pilares en los que se basa este libro. La virtud a la que la necesidad debe llevarnos y nos llevará no es una utopía «eco-*hippy*», sino una cuyos pilares fundamentales pertenecen a la tradición filosófica que se remonta a la Antigua Grecia, cuando la moderación se consideraba un rasgo de carácter esencial. En aquella época, la moderación (*sofrosyne*, en griego) se consideraba una de las cuatro virtudes cardinales. Es decir, un componente necesario de cualquier tipo de actividad ética. Según los antiguos griegos, solo es posible encarnar otras virtudes, como el coraje y la generosidad, si ejercemos la moderación en todo lo que hacemos, si dominamos el arte de perdernos las cosas. Si «lo queremos todo», ser bueno en algo específico, incluso en el sentido ético, se nos escapará. Según esta forma de pensar, vivir una vida llena, rica y próspera requiere cierto grado de autodominio y autocontrol, no en el sentido de una autoflagelación masoquista ni un proyecto ascético ni anoréxico, en el que decir que no tiene un valor en sí mismo, sino como requisito previo para nuestra capacidad de esforzarnos al máximo, como individuos que somos, respecto a las responsabilidades que tenemos en los contextos en los que nos encontramos.

Cuando la psicología moderna debate sobre moderación y templanza, normalmente, es en el contexto de ejercer autocontrol. Aunque estos enfoques sean importantes, en este libro, el aspecto psicológico de perderse algo se considera solo una de varias dimensiones relevantes. He identificado cinco dimensiones y las presento aquí como argumentos generales en los cinco capítulos siguientes.

Empiezo con un capítulo sobre el argumento político, que trata de nuestra vida colectiva, y explica a grandes rasgos una justificación básica para aprender a conformarse. El planeta tiene recursos limitados, sin embargo, su población sigue creciendo, y en las últimas décadas se ha producido un fuerte aumento de la desigualdad en muchos países. Si queremos que la vida sea sostenible para el máximo número de personas (idealmente, para todos nosotros), debemos aprender el arte del autocontrol, sobre todo en la parte más rica del mundo. A continuación presento el argumento existencial. De acuerdo con la frase, ligeramente pomposa, de Søren Kierkegaard, optar por no participar y mantener la concentración radican en ser puro de corazón: «La pureza de corazón es querer una sola cosa». La reflexión existencial debe conllevar el reconocimiento de que no debemos quererlo todo (como sugería el poeta Piet Hein); sino que más bien debemos prestar atención a algo específico para vivir bien nuestra vida y no convertirse en una clase de confusión amorfa.

Después paso al argumento ético, que trata de nuestra relación con los demás, donde la idea básica es que solo somos capaces de estar a la altura de nuestras obligaciones como seres humanos si estamos dispuestos a perdernos algo para apoyar a otra persona. En este punto concreto es donde la idea clásica de la virtud se hace relevante, con su concepto de moderación (*sofrosyne*) como componente clave de una vida ética.

El siguiente argumento es el psicológico, que, en palabras tangibles, trata del autocontrol, y de por qué es difícil entre el sinnúmero de tentaciones de la sociedad de consumo obsesionada con las experiencias. La psique humana parece tener un aspecto trágico, a veces denominado «cinta de correr hedonista». En cuanto hemos logrado algo por lo que hemos luchado, nos acostumbramos a ello y pierde atractivo. En ese momento se nos ocurre otra cosa por la que esforzarnos, en una persecución sin fin de la felicidad que solo acaba cuando nos morimos. Cuanto más tenemos, más queremos. Por lo visto, parece raro que incluso personas de nuestra parte del mundo, que, en términos históricos, es increíblemente rica, se maten a trabajar o, peor, se maten a hacer algo para ganar más dinero. ¿Podemos romper este círculo vicioso?

El último argumento a favor de perderse cosas deriva de la estética. La idea de la belleza en la simplicidad es clásica, tanto en el arte como en la ciencia. ¿Quizá también se aplique al arte de vivir? Sostengo que existe un valor estético en rituales sencillos que organizan nuestra vida diaria y liberan energía y recursos para hacer actividades más importantes. En este capítulo también se sugieren formas más específicas en las que podemos practicar el arte del autocontrol. Hacer de la necesidad virtud se puede convertir en un arte de la vida.

Juntos, estos cinco argumentos muestran que no solo hay un imperativo político para el arte del autocontrol, sino también una profundidad existencial, un potencial ético, un beneficio psicológico y una cualidad estética al perderse cosas. Dividir el debate en estos campos distintos no es la única forma de abordar la cuestión, y no hay límites rígidos entre (por ejemplo) el campo existencial y la psicología, la política o la ética. Los capítulos se solapan unos con otros, pero también se pueden leer de forma independiente. No pretendo que los lectores estén de acuerdo con los cinco argumentos de mi trabajo, sin embargo, albergo la esperanza de que obtendrán algo al leer el libro. Algunos se centrarán en la dimensión psicológica y rechazarán la política. Otros, todo lo contrario. Mi objetivo es basarme en el análisis de los distintos aspectos de la vida para mostrar que perderse cosas tiene un valor fundamental mayor del que puedan pensar la mayoría de las personas. Todos podemos aprender a concentrarnos, optar por no participar, conformarnos con menos de algo que, en realidad, es superficial. De esta forma, esperamos tener más tiempo para lo importante. El antropólogo Harry Wolcott aconsejaba a sus estudiantes de doctorado: «Haced menos, más a fondo».[1] Quizá más de nosotros deberíamos seguir su consejo, no solo en nuestros estudios, sino en nuestra vida. Para ello debemos tener la valentía de comprometernos con algo y perdernos más cosas.

1

LA SOCIEDAD SOSTENIBLE

El primer libro que ayudé a revisar como joven investigador en ciernes criticaba la exigencia del desarrollo personal y su tendencia a extenderse a cada vez más aspectos de la vida. Este ha seguido siendo un *leitmotiv* en gran parte de mi trabajo posterior: el hecho de que vivamos en una cultura de desarrollo desenfrenado que no conoce límites. Es una cultura que se manifiesta en las incontables demandas de flexibilidad, adaptabilidad y disposición a cambiar lo que nos encontramos en el trabajo y en las instituciones educativas.[2] Se ha prestado mucha más atención (crítica) a esta dimensión recientemente, sin embargo, cabe señalar el aspecto ilimitado. Esto significa que ya es difícil incluso decir que alguien o algo es lo suficientemente bueno. Se supone que todos participamos en procesos de aprendizaje permanentes, es decir, en procesos sin fin. No acaban nunca. Nadie puede decir nunca al jefe en una revisión de rendimiento que ha llegado a la cima del desarrollo profesional. Las reformas políticas tampoco terminan nunca, ni alcanzan una forma final, acabada. En la década de 1990, Philip Cerny introdujo el concepto de Estado de competencia para describir la forma en la que las naciones modernas operan en un mercado globalizado, y esencialmente piensan en sí mismas como negocios. En su libro sobre el Estado competitivo, Ove Kaj Pedersen habla de «reformas interminables» al describir el desarrollo del sector público desde la década de 1970, con rondas constantes de reorganización del Estado, sus funciones y sus necesidades de personal.[3] Basta con pensar en las recientes reformas de escuelas, universidades, seguridad social, etc., en muchos países occidentales. Las demandas de optimización y mejora de habilidades son interminables y constantes, lo que, lógicamente, conduce a una situación en la que nadie hace nada lo suficientemente bien porque todos sabemos que al poco tiempo nos ordenarán que hagamos más y que lo hagamos mejor. Todo se controla, cuantifica y evalúa para facilitar el «aprendizaje visible» en la educación y el trabajo. En nuestras «organizaciones de aprendizaje», todo el progreso debe ser visible para inspirar a todo el mundo a hacerlo «aún mejor».

Por una parte, es una cultura que no conoce límites en el sentido de que sus demandas nunca pueden cumplirse ya que la portería se mueve cada vez que te acercas al área de penalti. Por otra parte, tampoco tiene límites en el hecho de que se nos pide que desarrollemos y optimicemos absolutamente todas las áreas de nuestra vida. Los lugares de trabajo demandan un desarrollo no solo profesional sino también personal. Se espera que los niños rindan en el aula, pero también se espera que sean saludables, creativos, musicales y buenos en los deportes. Esta falta de límites no solo se refleja en el aspecto puramente temporal de la vida (los historiadores lo denominan «dimensión diacrónica»), sino que también trasciende múltiples áreas de la vida en cualquier momento (la llamada «dimensión sincrónica»). Vivimos en una cultura de desarrollo desbocado sin frenos, sin nada que la retenga. Esto pone en peligro nuestro bienestar individual, y, además, es insostenible a escala general.

Sin duda, la humanidad debe debatir con urgencia sobre sostenibilidad y hacer cambios en muchos aspectos de la sociedad de consumo, pero muchas personas ya están cansadas del concepto. Lo entiendo. Un día me sorprendí diciendo: «¿*Sostenibilidad* no es una palabra de moda con la que etiquetamos todo sin que signifique nada realmente?». A veces, sí. Pero en su forma más simple, la sostenibilidad solo hace referencia a vivir de una manera que no derroche ni agote los recursos naturales. Significa garantizar que el mundo que pasamos a la siguiente generación está como mínimo igual de bien que como lo encontramos. Esto no es ningún ideal *hippy* y disparatado. Debería ser de sentido común. Pero ¿los seres humanos son realmente capaces de construir una sociedad sostenible? ¿Es ya demasiado tarde? Muchos científicos piensan que ahora vivimos en una época geológica denominada «Antropoceno» (del griego *anthropos*, que significa hombre), que hace referencia al hecho de que el impacto humano en el planeta está al mismo nivel que los movimientos de placas tectónicas o las erupciones volcánicas. La humanidad se ha convertido en una fuerza de la naturaleza, con consecuencias globales y devastadoras.

En un artículo de 2011 que presentaba el concepto del Antropoceno al público danés, se explicaba que la sociedad industrial utiliza cuatro o cinco veces más energía que las comunidades agrícolas anteriores, que a su vez usaban tres o cuatro veces más energía que las culturas de cazadores recolectores precedentes.[4] La población del mundo ha aumentado desde unos mil millones en 1800 hasta alrededor de 7.500 mil millones en la actualidad. Durante el mismo período, el consumo de energía se ha multiplicado por cuarenta y la producción por cincuenta. Las consecuencias son muy evidentes, con una mayor concentración de CO_2 en la atmósfera, temperaturas más elevadas y fenómenos meteorológicos más extremos. El número de personas que han sido desplazadas por el cambio climático (refugiados climáticos) ya es el doble que el de las que escapan de la guerra, aunque las guerras no escaseen precisamente. La actividad humana también tiene un efecto perjudicial en la biodiversidad, con la desaparición de casi dos tercios de las especies animales en los últimos cuarenta y cinco años. [5] Es posible que *sostenibilidad* se haya convertido en la palabra de moda, pero por una buena razón. Abundan los científicos que afirman con pesimismo que ya es demasiado tarde, que el planeta ha superado el punto de inflexión, que ya no podemos salvarlo frente al cambio climático y que nos enfrentamos a la perspectiva de múltiples catástrofes horribles en un futuro no demasiado lejano.[6] ¿Será esa la consecuencia final de nuestra cultura de desarrollo desenfrenado?

Probablemente sea demasiado pronto para saberlo, pero es indudable que parece que esta retórica alarmista y sobrecogedora no ha logrado convencer a un número suficiente de personas para que abracen la sostenibilidad. A veces se descarta a estos científicos al considerarse que son agoreros que buscan llamar la atención porque necesitan renovar la financiación para sus investigaciones. Algunas reacciones rozan la apatía: si ya es demasiado tarde, más vale que disfrutemos de la vida todo lo posible y todo el tiempo que podamos. Es una actitud que recuerda al *Titanic*. Mientras el agua inundaba el barco, la orquesta siguió tocando, y la gente siguió bailando y bebiendo hasta ahogarse. Sin embargo, mi misión con este libro no es aumentar el factor miedo. Simplemente quiero presentar el concepto de una vida modesta y sostenible dentro de ciertos límites como alternativa atractiva tanto para el individuo como para la sociedad. En tanto que modo de vida, tiene cierta dignidad elemental. Tal como se ha mencionado anteriormente, parece que será imprescindible romper con el pensamiento de «más, más, más» que se ha impuesto durante siglos y que algunas voces críticas siempre han cuestionado. Usando un lenguaje ético o psicológico, dichas voces a menudo han afirmado que no dominar el arte del autocontrol es equivalente a hacerse daño a uno mismo. Ahora, se han unido a estas voces otras personas que proponen argumentos medioambientales y geopolíticos para una sociedad más sostenible. El cambio climático no ha sido la única causa de crisis globales en los últimos años. Muchos creen también que un tipo de capitalismo desmedido y sin regular ha conducido a un nivel problemático de desigualdad y a un miedo, descontento y conflicto generalizados por todo el mundo. Sin embargo, la buena noticia es que el número de personas que vive en la pobreza absoluta no ha dejado de disminuir en las últimas décadas. Muchas personas están en mejores circunstancias y tienen más formación hoy en día, y la mortalidad infantil se ha reducido. Por desgracia, la otra cara de la moneda es que la brecha de la desigualdad se ha ampliado en muchos países. Es un hecho bien conocido que ahora el uno por ciento de la población más rico del mundo posee más que el resto de nosotros juntos, y que las ocho personas más ricas poseen tanto como la mitad de la población más pobre del mundo.[7] No solo se han exacerbado las diferencias en prosperidad económica entre países, sino también dentro de muchos de ellos. Sociólogos de distintas tendencias políticas han hablado largo y tendido sobre las consecuencias de este aumento en la desigualdad, pero la evidencia sugiere que una mayor desigualdad se asocia estadísticamente con más enfermedad y delincuencia y menos movilidad social e innovación, como mínimo en los países de la OCDE estudiados por Wilkinson y Pickett para su controvertido libro *Desigualdad*.[8] Una de sus observaciones principales es que la igualdad económica es buena para todo el mundo. Cuando una sociedad es relativamente igualitaria, la vida mejora también para los más acomodados: viven más tiempo, más sanos, experimentan menos estrés, etc. Una sociedad que es sostenible, incluso en términos de igualdad económica, es aquella en la que todos los grupos sociales sienten que les va bien. Por supuesto, esto no significa que sea deseable para todos poseer y consumir exactamente las mismas cantidades. Solo una ideología totalitaria querría imponer un escenario de pesadilla en el que las personas carecieran de la libertad de influir en su propio nivel de prosperidad. Pero sí que sugiere que el aumento de la desigualdad debe tomarse en serio como factor causal de varios problemas de la sociedad. En general, los analistas están de acuerdo con este punto. Por ejemplo, José Ángel Gurría, Secretario General de la OCDE, recientemente advirtió de que hemos llegado a un «punto de inflexión» respecto a una desigualdad galopante y que la situación es análoga al cambio climático.[9] Cuando tanto la desigualdad como el aumento de las temperaturas alcanzan un cierto punto, es difícil (si no imposible), cambiar el rumbo, porque entran en juego numerosos efectos autoperpetuadores. Incluso la OCDE ahora acepta que una mayor igualdad beneficiaría a todo el mundo, incluso a los más ricos.

¿Qué ha causado la crisis climática y la creciente desigualdad? Las respuestas residen en una combinación de factores. No es posible identificar un único motor de cambio histórico que las haya provocado. Es fácil señalar al capitalismo, pero, en realidad, se trata de un término bastante general que engloba múltiples modelos sociales. También sería justo decir que los intentos de derrocar al capitalismo y sustituirlo por un sistema distinto, en muchos casos, han demostrado ser peores que la enfermedad social que intentaban curar (como en la Unión Soviética, donde la revolución condujo a un régimen totalitario dirigido por la reducida élite del partido). El capitalismo ha marcado nuestra forma de pensar y actuar durante tanto tiempo que es difícil cambiar ese esquema y evaluarlo con objetividad. ¿Debemos limitarnos a vivir con él tal como es? Es posible, pero quizá se haya producido un cambio estos últimos años. Según Karl Marx, el desarrollo de la tecnología tuvo un papel histórico clave en el desarrollo de la sociedad en sí. El periodista Paul Mason, en su superventas *Postcapitalismo*,[10] escribe acerca de cómo el sistema capitalista como lo conocemos está siendo socavado precisamente por los mismos avances tecnológicos que impulsaron la economía en el pasado. Mason asegura que, primero, la nueva tecnología (digital) reduce la demanda de mano de obra, como se manifiesta en la creciente robotización y automatización, un proceso que aún está en ciernes. Segundo, conduce a una abundancia de bienes inmateriales que hacen difícil que el mercado regule precios. Desde la óptica tradicional, los mecanismos del mercado se han basado en la escasez de recursos, pero el mundo digital está lleno de información, música, literatura, etc. En tercer lugar somos testigos del aumento de formas de producción colaborativas (a veces descritas con expresiones de moda como «economía colaborativa») que en ocasiones superan a industrias establecidas; por ejemplo, Wikipedia, que ha hecho que las enciclopedias tradicionales queden obsoletas.[11]

Sin embargo, la cuestión es si la aceleración social es realmente una fuerza histórica importante que impulsa tanto al capitalismo como al postcapitalismo, suponiendo que este último exista ahora o vaya a existir algún día. El sociólogo Hartmut Rosa diría que sí y ha ideado toda una teoría nueva de la modernidad basada en un análisis de la aceleración social.[12] En resumen, la teoría afirma que más o menos todo (procesos sociales y todo tipo de actividades humanas) tiene una tendencia a acelerarse sin ningún aumento simultáneo en el tiempo libre. Por tanto, tenemos que continuar desarrollando nuevas tecnologías y prácticas que nos ayuden a hacer más cosas y la espiral se acelera. Esto es lo que ha ocurrido como mínimo desde la revolución industrial. El problema, como se ha comentado antes, es que la sociedad moderna se basa en una concepción lineal de «más, más, más», o «*harder, better, faster, stronger*» [más duro, mejor, más rápido, más fuerte], como entona la voz robótica de Daft Punk en su éxito del mismo nombre, y carece de controles y equilibrio. El tipo de bagaje cultural que tenía un efecto restrictivo durante la era industrial (que valoraba la moderación y la gratificación retardada, por ejemplo) prácticamente ha desaparecido.

Desde la era industrial hasta el surgimiento de la sociedad de consumo o del conocimiento, las sociedades han cambiado enormemente no solo en cuanto a su economía subyacente sino también, en igual medida, en su mentalidad. El sociólogo Zygmunt Bauman describe este hecho en muchos de sus libros como la transición de una cultura sólida ejemplificada por libretas de ahorro, con un énfasis en el ahorro y la gratificación retardada, a una cultura de la tarjeta de crédito que fomenta que las personas «persigan sus sueños» y consuman a un ritmo que no se pueden permitir. Bauman describió la modernidad de la sociedad de consumo como «líquida», y el individuo también debe ser líquido para poder seguir el ritmo.[13] Ese es el quid de la cuestión y el reto al que se enfrenta la humanidad: ¿Cómo argumentar contra los ideales de tener, hacer, experimentar y consumir más?[14] Al fin y al cabo, estas son precisamente las cosas que generan crecimiento y que hacen que la rueda siga girando, como les gusta decir a los políticos. El buen ciudadano se ha convertido en el buen consumidor que nunca está satisfecho con lo que tiene. En el pasado, el buen ciudadano era frugal, diligente y conocía el valor del autocontrol. Hoy en día, el buen ciudadano lo consume todo, no conoce límites y nunca deja de intentar destacar. Si estás satisfecho, no hay incentivo para adquirir más, algo que, en una sociedad de consumo y una economía basados en que queramos más constantemente, hace que la satisfacción sea un vicio en vez de una virtud. La ansiedad por el estatus ya es algo corriente, una sensación demasiado conocida en una sociedad construida sobre el rendimiento: ¿Soy lo suficientemente bueno? ¿Qué piensan los demás de mí?[15] En cambio, en este libro se hace hincapié en las ventajas de estar satisfecho. El mensaje es que no tienes nada que temer porque optar por no participar y perderte cosas te ayudará a valorar lo que tienes.

Yo diría que hacer frente a los retos del mundo real como el cambio climático y la enorme desigualdad global requiere una mayor disposición a estar satisfecho con lo que tenemos. Debemos aprender a «conformarnos» y a perdernos cosas a veces. De lo contrario, es difícil imaginar que una sociedad sostenible (en sintonía con la naturaleza, en la que la gente trabaje junta en armonía y donde la brecha de igualdad no sea demasiado grande) pueda ser factible algún día.

Pero ¿no es un mensaje algo condescendiente e hipócrita cuando lo transmite una persona relativamente rica que vive en una de las partes más ricas y seguras del mundo? ¿Acaso no es una actitud claramente elitista y privilegiada creer que debemos aprender a «conformarnos»? ¡Todo esto está muy bien para quienes no desean nada! Es importante abordar esta legítima objeción antes de seguir avanzando.

La trampa elitista

La trampa elitista hace referencia a una situación en la que el individuo rico y privilegiado utiliza argumentos sobre la necesidad percibida de ahorrar o hacer recortes para limitar a los demás. Es la trampa en la que alguien corre el riesgo de caer cuando, por ejemplo, reprocha a otras personas que no coman comida orgánica o que atiborren a sus hijos de aditivos artificiales. Por supuesto, el problema es que hacen falta recursos tanto financieros como psicológicos para familiarizarse con esos temas y comprar «de la forma adecuada». Los ricos se pueden permitir el lujo de comprar comida orgánica, pero es mucho más difícil para las familias con poco dinero o poco tiempo para leer libros sobre la dieta paleo y la nutrición óptima. Los pollos orgánicos de corral son sencillamente más caros que los que se crían en jaulas en batería. Existe un problema similar entre países. Un país rico como Dinamarca es capaz cumplir los objetivos de reducción de CO_2 (o, como mínimo debería ser capaz de hacerlo) externalizando la producción a otros países y comercializando las cuotas de emisión de CO_2. Está muy bien que nosotros hablemos de una vida sencilla y frugal cuando somos enormemente ricos. Las economías en desarrollo, que luchan por llegar al nivel de vida que nosotros hemos disfrutado durante muchas décadas, no quieren que se les diga que deben recortar gastos, bajar sus ambiciones de riqueza material ni emitir menos CO_2.

En lo que se refiere a la estructura de este libro, este capítulo sobre política está antes que los que tratan del aspecto existencial, ético, psicológico y estético porque, para evitar la trampa elitista, es importante pensar en términos políticos, que en este contexto significa mucho más que la mera política de partidos. El concepto de política nace de la palabra griega para ciudad, *polis*, y se emplea aquí en su sentido original de «cosas que pertenecen a la vida colectiva». Dicho de otro modo, las decisiones que afectan a todos los miembros de un grupo son, en un sentido fundamental, necesariamente políticas. Aunque los capítulos siguientes aborden cómo los individuos pueden encontrar sentido a perderse cosas, el objetivo de este capítulo es que también debe haber un debate colectivo porque es ahí donde se toman las decisiones cruciales. Por ejemplo, si queremos que todas las personas de un país sean capaces de permitirse el lujo de comprar pollo orgánico de vez en cuando, una decisión política podría ser imponer precios máximos a la comida orgánica. Si queremos reducir emisiones de CO_2, podríamos fijar impuestos en el combustible para limitar su consumo. Si nuestros representantes elegidos democráticamente creen que un nivel elevado de igualdad es un objetivo valioso, la fiscalidad progresiva podría estar a la orden del día. En general, la gente probablemente prefiera estas soluciones a, por ejemplo, dejar que los ricos decidan si pagan más impuestos si quieren o pedir al «consumidor político» a título individual que reduzca sus vuelos baratos.

Del mismo modo, el debate sobre la sostenibilidad debería basarse en discusiones políticas sobre la dirección en la que nos gustaría que fuera la sociedad y sobre cuánto abuso pueden soportar la naturaleza y el medio ambiente. Por supuesto, es bueno que un individuo separe la basura, pero, sin duda, funciona mejor y más eficientemente si se fijan medidas a nivel colectivo, y bajo control democrático, de forma que los votantes ejerzan una influencia en el sistema de reciclado. Los problemas sociales se deberían resolver políticamente. No deberían privatizarse hasta el nivel individual; ni los problemas privados de alguien deberían someterse a la intervención del gobierno (de hecho, cómo distinguir entre temas políticos colectivos e individuales es un debate político importante). Además, en este punto se entrelazan las discusiones sobre sostenibilidad y desigualdad porque, en sociedades muy desiguales, las soluciones a los problemas colectivos cada vez se derivan más al individuo. Hablamos de la individualización de los problemas sociales, por ejemplo, cuando el individuo (pese a altos índices de desempleo nacional) es acusado de carecer de motivación para encontrar trabajo. Puede que sea un factor, pero el mayor problema es probable que sea la escasez estructural de trabajos, en cuyo caso es injusto hacer que el individuo encuentre «soluciones biográficas» a «contradicciones sistémicas», como explica el sociólogo Ulrich Beck en su crítica de la individualización.[16] Beck fue el creador de la teoría de la sociedad del riesgo, que definía como nuestro intento de abordar la incertidumbre generada por la propia sociedad moderna. Evidentemente, la vida siempre ha sido incierta y arriesgada y la humanidad ha tenido que responder colectivamente a terremotos, inundaciones, sequías, etc. Pero, de repente, con la modernidad y todas sus consecuencias —industrialización, tecnología, urbanización y racionalización—, los riesgos principales (contaminación, superpoblación, cambio climático, etc.) ahora nacen del propio comportamiento de la sociedad. En el pasado, las amenazas principales de la humanidad eran las fuerzas de la naturaleza; ahora son autoinfligidas, nosotros somos la causa de nuestros propios problemas, y solo se pueden resolver al nivel de la sociedad que los creó. En la época del Antropoceno, las nuevas tecnologías han creado problemas y riesgos nuevos, lo que (casi paradójicamente) ahora queremos abordar desarrollando aún más tecnología nueva. Está por ver si lograremos crear una nueva «tecnología verde» capaz de resolver los problemas creados por la variedad derrochadora más vieja, pero, de momento, es crucial que hagamos algo más que esperar pasivamente que nuestra tecnología futura nos salve. Un paso esperanzador sería redescubrir colectivamente las antiguas virtudes de la frugalidad, la moderación y el arte de perderse cosas como medio para contrarrestar la aceleración social y sus efectos nocivos.

Conseguir menos de lo previsto

En los siguientes capítulos estudio y recomiendo el valor de aceptar menos de lo que tenemos previsto. Para el individuo moderno que piensa en términos de optimización y análisis de coste-beneficio, esto es casi un sacrilegio. ¿Acaso no hay que «exprimir al máximo la vida» y conseguir todo lo posible en el máximo de contextos posibles? No necesariamente. No solo en nuestra vida cotidiana, sino también en contextos políticos, puede haber una buena razón para conformarse con menos de lo que creemos que merecemos. En un controvertido libro titulado *On Settling*, el filósofo político Robert Goodin hace referencia a la investigación de historiadores y politólogos que muestra que después de un conflicto entre países o grupos (incluso después de una guerra), es más probable que haya paz duradera si la parte vencedora acepta menos de lo que podría haber recibido. La advertencia más obvia de la historia es el comportamiento de los vencedores tras la Primera Guerra Mundial y las enormes reparaciones exigidas a los vencidos alemanes.[17] Aunque la importancia histórica de esta venganza exigida a Alemania sea objeto de cierto debate (escribir la historia contrafactual es notablemente difícil), hay pruebas sólidas que sugieren que los problemas que provocó en el país ayudaron a allanar el camino a Hitler y los nazis, y, por tanto, indirectamente, a la Segunda Guerra Mundial y los desastres que infligió, producidos por el hombre. Poco después de la Primera Guerra Mundial, el economista John Maynard Keynes avisó de que las reparaciones conducirían a una «paz cartaginesa», refiriéndose al tratamiento despiadado que dieron los romanos a Cartago después de la Segunda Guerra Púnica. Si queremos aprender de la historia, vale la pena considerar lo que habría sucedido si los vencedores hubieran sido menos codiciosos después de su victoria en 1918. Apañártelas con menos de lo que podrías haber obtenido es una forma de magnanimidad que los filósofos de la Antigüedad denominaban *meionexia*. De acuerdo con la mayoría de los politólogos, el objetivo normativo después de una guerra no sería la venganza ciega sino *jus post bellum* (un final justo a la guerra). La *meionexia* es clave.[18] Un aspecto de esta virtud es que requiere una mente madura y bien cultivada para conformarse con menos de lo que podría haber habido. Es difícil que nos perdamos algo cuando hay algo deseable al alcance de la mano. De acuerdo con el politólogo Benjamin Barber, que critica la sociedad de consumo en su libro *Consumed*, la madurez intelectual necesaria escasea hoy en día.[19] Barber cree que la sociedad de consumo nos infantiliza. Acuérdate de los eslóganes publicitarios del principio de este libro que nos exhortaban a quererlo todo, y a quererlo ya. Barber muestra que el capitalismo antes radicaba en producir bienes y productos básicos concentrándose en la eficiencia y la fiabilidad, mientras que el capitalismo de consumo moderno genera necesidades y deseos. Evidentemente, la gente siempre ha tenido necesidades, pero antes la economía se esforzaba por satisfacerlas, mientras que ahora se hace hincapié en crear necesidades nuevas. Muchas empresas tienen presupuestos para publicidad superiores a los costes de fabricación de sus productos. Toda la maquinaria de la sociedad está orientada a crear insatisfacción con lo que tienes (porque no es lo más nuevo o lo más inteligente) y una ansia casi desenfrenada por algo más y por otra cosa. La mayoría de nosotros lo sabemos. No pasa mucho tiempo hasta que mi flamante coche nuevo, que he codiciado mucho tiempo hasta llegar a la obsesión, se convierta en la «nueva normalidad», y me sorprendo al querer uno distinto. Este comportamiento penoso y presuntamente infantil de repente es deseable. Lo que antes era un vicio, ahora es una virtud. Se supone que ahora debemos «quererlo todo», como los niños. Creo que hacemos un flaco favor a los niños al emplear la palabra *infantil*. Las pruebas indican que, de hecho, los niños son generosos y tienen un fuerte sentido de lo que es justo y equitativo.

Una vida no tan sencilla

Por supuesto, esta tendencia hacia una mentalidad de consumo desatada respecto a bienes materiales y quizá también a relaciones humanas ha sido criticada a lo largo de los años y han emergido varias alternativas. Hace unos diez o quince años era muy popular el concepto de estilo de «vida sencilla» y se publicaron superventas sobre este fenómeno en varios idiomas. La vida sencilla se convirtió en un movimiento real, pero ahora, cuando busco el término en Google, la mayoría de los resultados dan un vínculo a sitios web sobre diseño de interiores y muebles escandinavos exquisitos. A juzgar por las fotos, ¡la vida sencilla es realmente cara! ¿Por qué la vida sencilla caducó tan deprisa? Quizá porque se dirigía principalmente a personas ricas y con recursos, que podían vivir de forma sencilla y bonita, que tenían tiempo para meditar y encontrar paz interior. Para la mayoría de las personas no es una opción real. Tienen facturas que pagar y comida que preparar para llevarse el día siguiente.[20] En su análisis del movimiento de la «vida sencilla», el filósofo Jerome Segal concluye que era simplemente demasiado individualista, y que enseguida degeneró en una mera autoayuda.[21] No piensa que esto reste valor al núcleo positivo de sus ideas, sino que afirma que era un movimiento acerca del «cómo», es decir, ofrecía una forma de felicidad para los privilegiados, pero sin tener una dimensión social ni una consideración profunda con valores subyacentes. De alguna forma, se convirtió en una filosofía de vida sin ningún contenido filosófico. En su propio libro, *Graceful Simplicity*, Segal (que, curiosamente, en el pasado trabajó para el Comité de Presupuesto de la Cámara de Representantes de EE.UU.) intentaba esbozar una base económica y política para llevar una vida más sencilla y más sostenible. En su opinión, esto implicaría enfrentarse al pensamiento económico contemporáneo volviendo a Aristóteles, que, hace un par de milenios, planteó la pregunta fundamental: ¿cuál es el propósito de la economía? Tanto Segal como Aristóteles responden que el propósito de la economía no es proporcionarnos más y más, sino liberarnos financieramente para vivir una buena vida. Por lo tanto, no tiene sentido hablar de economía sin tener una idea de lo que constituye una buena vida. Muchos economistas afirmarían que la buena vida consiste en el cumplimiento de deseos y preferencias individuales, sean los que sean. Segal piensa, al estilo de Aristóteles, que es posible debatir acerca de la legitimidad de nuestras preferencias de una forma racional, en particular a la luz de los valores éticos. La mayoría de nosotros tenemos algunas preferencias que no son particularmente deseables porque son inmorales o poco sostenibles. Mucha gente quiere ser lo más rica posible, pero Aristóteles creía que el dinero enseguida puede llegar a ser un exceso de algo bueno y distraer a la persona de lo que es realmente importante en la vida. Posteriormente, defensores de la simplicidad, como el filósofo del siglo xix Henry David Thoreau, también señalaron que una persona necesita muy poco para vivir bien, pero aun así se somete a un trabajo duro y sin fin.

Además de comentar varias propuestas específicas para una vida más sencilla, Segal cree que una forma de alejarse de la sociedad de consumo es convertir el valor inherente del trabajo en el centro de la economía. A menudo se dice que si nos dedicamos a hacer algo con sentido, el trabajo es prácticamente la recompensa en sí. Eso sugiere que deberíamos obtener satisfacción a partir del contenido cualitativo de nuestro trabajo. Sin embargo, muchas personas creen que no tienen un trabajo con sentido. En un estudio británico de 2015, el 37 por ciento de los participantes afirmó que su trabajo no contribuye de forma significativa al mundo.[22] En cambio, el 50 por ciento pensaba que su trabajo era significativo. No es difícil imaginar lo fácil que sería alienarse del trabajo si pensáramos que no tiene sentido, o, peor, si pensáramos que el mundo sería un lugar mejor si nuestro trabajo dejara de existir.

El antropólogo anarquista David Graeber afirma que el mundo está lleno de «trabajos de mierda» que no cumplen ninguna función social.[23] En este tipo de trabajos, el valor cualitativo no importa. Lo único importante es el aspecto cuantitativo. ¿Cuál es el salario? Sin embargo, si somos capaces de identificar lo que tiene un sentido inherente en la vida, será más fácil centrarnos en ello e ignorar lo que carece de sentido.[24] El problema es que rara vez tenemos la oportunidad de considerar siquiera esta cuestión, ya que requiere tiempo para debatir y reflexionar. Las últimas décadas del pensamiento en el campo de la gestión, impulsado por las ideas de nueva gestión pública y *lean production*, se pueden criticar por haber desviado la atención desde el contenido cualitativo de las actividades del trabajo a elementos como «cuánto», «con qué rapidez», «durante cuánto tiempo» y «obtener más por nuestro dinero».

De acuerdo con Segal, reflexionar sobre el sentido también depende del tiempo libre. Él celebra el ocio como una forma de arte que podemos aprender y que requiere una clase de disciplina especial. El tiempo libre no es necesariamente algo sin propósito, sino que incluye participar en hábitos y prácticas ritualizados en compañía de otras personas. Por ejemplo, Segal, que es judío, sostiene la importancia del Sabbat como forma organizada y disciplinada de tiempo libre en un entorno comunitario. La interacción ritualizada crea un foco colectivo y proporciona un refugio en el que es legítimo que alguien se relaje y quizá reflexione sobre cuestiones que no sean las que le ocupan durante su vida laboral. Esto se puede realizar en el marco de las comunidades religiosas, en centros sociales, en educación para adultos, pero también en la interacción diaria, durante la cual los miembros de la familia hablan de su día. En el último capítulo del libro afirmo que las prácticas ritualizadas son importantes porque proporcionan un marco para nuestras vidas y un punto en el que concentrar la atención (a menudo, de forma estética) que hace que sea más fácil para nosotros perdernos todas las cosas insignificantes.

¿Perdernos qué?

No afirmo en absoluto que mi breve visión global de estas cuestiones tan complejas constituya un análisis profundo de la insostenibilidad de la sociedad de consumo, su falta de límites y sus mecanismos generadores de desigualdad. Mi única intención ha sido esbozar la evolución histórica y política para respaldar los siguientes debates existenciales, éticos, psicológicos y estéticos del arte del autocontrol e introducir el concepto de la necesidad de perderse cosas como algo que no es una gran pena sino algo realmente beneficioso.

Como se ha dado a entender anteriormente, en cierto sentido, ese era también el objetivo del movimiento de vida sencilla, pero resultó ser demasiado elitista e individualista y no definió de qué había que deshacerse exactamente. Por lo visto, vivir de forma sencilla es de todo menos sencillo, porque, para hacerlo, el individuo debe poseer bastantes recursos. Si queremos que se produzca un debate colectivo sobre lo de deberíamos perdernos como sociedad, debemos emplear nuestras instituciones democráticas. Tenemos que entender que, para vivir nuestra vida individual, cada uno de nosotros depende de lo colectivo. La diferencia entre el individuo y la sociedad no debería proponerse como una dicotomía, porque ambos son básicamente interdependientes. Algunos Estados del bienestar están probablemente mejor situados que muchos otros para garantizar la provisión de bienes esenciales de forma que los individuos no estén condenados a luchar eternamente por más, más, más. Tal como Segal afirma en su libro, es beneficioso para una sociedad construir ciudades saludables y bonitas porque las personas que viven en ellas no tienen que ganar tanto dinero para disfrutar sus beneficios. Quienes viven en comunidades con buenos parques y plazas públicos ven menos necesario tener su propio jardín; si la sociedad proporciona bibliotecas y museos buenos y un transporte público decente, estamos más cerca de una base para un modo de vida que habría complacido a Aristóteles. De hecho, todo esto se podría lograr sin la subyugación de las mujeres y los esclavos que, en la época de Aristóteles, permitía a los ciudadanos libres masculinos disfrutar de una vida de debate filosófico colectivo. Segal menciona leer buenos libros como símbolo de una vida sencilla. Para él, la alegría de la literatura es el mayor regalo que puedes hacer a tus hijos. Estoy de acuerdo con esa afirmación, pero añadiría que hay otros fenómenos y actividades valiosos que pueden complementar a los libros o realizar esa misma función. La cuestión es que los libros pueden leerse de forma gratuita y se necesita una educación decente para valorarlos adecuadamente. De modo similar, una buena educación es esencial si queremos que nuestros hijos aprendan el arte de perderse cosas puesto que no es algo que dominemos de forma automática.

Esto nos lleva al dilema crucial detrás del argumento político para aprender a conformarnos: si empezamos a decidir por otras personas lo que deberían perderse, ¿eso no va contra el espíritu de la democracia liberal? ¿No debería todo el mundo ser libre para decidirlo por sí mismo? Yo sostendría que esa libertad es un valor fundamental, pero hoy en día entra en conflicto con un deseo legítimo de resolver las crisis comentadas en este capítulo. Por una parte, no deberíamos sacrificar la libertad individual en aras de un papá Estado. Pero, por otra, debemos reconocer que la libertad no se puede definir negativamente, como libertad frente a la interferencia de otras personas. También es necesario entenderla de forma positiva, como la libertad de leer, escribir, calcular, razonar, participar en la democracia y asumir la responsabilidad de nuestra propia vida, así como la vida del colectivo. Esta libertad presupone una mente madura y el desarrollo de ciertos conocimientos y capacidades, tanto si el individuo lo desea como si no. La libertad también implica un sentido de solidaridad. De hecho, es precisamente de lo que trata este libro: la voluntad de renunciar a algo cuando beneficia a otra persona cuya necesidad es mayor. Si nadie está dispuesto a renunciar a nada, la vida se convierte en una lucha entre individuos para conseguir todo lo que puedan para sí mismos, y solo permite libertad a los más fuertes. El dilema entre libertad y coacción, en cierto sentido, se encuentra en el centro de toda la pedagogía: nos tienen que obligar a recibir educación para que seamos capaces de ser libres. En mi opinión, deberíamos recordar este hecho en todos nuestros debates políticos.

2

PERSEGUIR EL BIEN

En abril de 1989 mi abuela me dio un poema de Piet Hein como regalo de confirmación. Hein era matemático, diseñador e inventor, pero se le conoce sobre todo por sus veinte volúmenes de poemas cortos, muchos de ellos en inglés, llamados *grooks*. Mi abuela había escrito el poema a máquina en un papel verde, se lo había enviado al poeta, y él lo autografió y se lo volvió a enviar. En aquel momento no comprendí del todo su significado, pero sus palabras se me quedaron grabadas y, con el paso de los años, cada vez son más relevantes para mí. He aprendido a valorar toda clase de poesía moderna y, aunque sea consciente de que mucha gente considera a Hein superficial y frívolo, «mi poema» tiene muchas cualidades buenas pese (o quizá debido) a lo directo que es. Se titula «No deberías quererlo todo»:

> No deberías quererlo todo.
> Eres solo una parte.
> Posees un mundo en el mundo.

Debes hacer que esté completo.
Elige un solo camino
y sé uno con él.
Otros caminos deben esperar.
Siempre volvemos.
No te escondas de los problemas.
Enfréntate a ellos aquí y ahora.
La finitud es precisamente lo
que hace que todo valga la pena.
Este es el Ahora que debes ser
y hacer
y al que te debes someter.
Eso es finitud.
Nunca volvemos.

Varios temas de este poema corto han influido en mí como psicólogo interesado en la filosofía, sobre todo la idea de que la finitud es lo que «hace que todo valga la pena».[25] También he encontrado inspiración en la idea de «una parte», de hacer que tu pequeña parte del mundo esté completa, algo que solo es posible si «no lo quieres todo». En caso de quererlo todo, la vida pasa a ser una masa difusa y amorfa y es de todo menos completa. En una línea similar, el teólogo y filósofo K. E. Løgstrup, en *La exigencia ética*, escribió acerca de «la voluntad de formar» que él consideraba uno de los fenómenos básicos de la vida, no solo para los artistas, sino como «algo básicamente humano, algo natural de cualquier persona aunque pueda tener muy poco que ver con lo que normalmente llamamos arte».[26]

Dotar de forma a tu vida es, literalmente, practicar el arte existencial de vivir, que solo es posible si estamos dispuestos a perdernos otras cosas. Si tu vida adopta cierta forma, se deduce lógicamente que no puede adoptar muchas otras, es decir, te las pierdes. Para Løgstrup, esto sucede no solo desde el punto de vista existencial (en la propia vida del individuo) sino también respecto a cómo las personas viven su vida con los demás. Después de *La exigencia ética*, escribió sobre la tiranía de la falta de forma que suele reinar cuando intentamos liberarnos de reglas y convenciones sociales. A veces, las convenciones y las formas educadas se consideran ligeramente opresivas. ¿Por qué no limitarnos a ser espontáneos y «auténticos»? Porque acabar con las convenciones no conduce necesariamente a la libertad (aunque pueda hacerlo, como por ejemplo con las convenciones empleadas en el pasado para oprimir a las mujeres). Al contrario, a menudo, tal como señaló el sociólogo Richard Sennett, conduce a una falta de libertad y da más poder al fuerte.[27] Las formas externas proporcionan un marco para expresarnos libremente con los demás. A fin de que algo tenga una importancia duradera para una persona a título puramente individual, es necesaria una forma de vida existencial.

Presumiblemente, esa también fue la idea detrás de la famosa frase de Søren Kierkegaard de *Discursos edificantes* (1847): «La pureza de corazón es querer una sola cosa».[28] Se apresura a añadir que «si es posible que un hombre quiera solo una cosa, debe ser el bien». Por lo visto, esto es difícil de aceptar porque es fácil imaginar a malévolos dictadores y a miopes idealistas que «quieren una cosa», pero lo que quieren no es necesariamente bueno y puede infligir daño a los demás. Sin embargo, Kierkegaard afirmaría que «el bien es una cosa», por eso, «El que quiere una cosa que no es el bien, no quiere verdaderamente una cosa. Es un engaño, una ilusión, un autoengaño que quiera solo una cosa. Porque en su fuero interno seguro que está dividido».[29] Está claro que «una cosa» significaba algo distinto para Kierkegaard que para nosotros hoy en día. Si tú intentas lograr monomaníacamente algo específico (por ejemplo, vengarte de alguien o escribir un superventas) y dedicas toda tu vida a este fin, aparentemente, solo quieres una cosa pero tu objetivo no es bueno en sí mismo. Si resultara que la persona de la que te quieres vengar, de hecho, era inocente, probablemente empezarías a cuestionarte la legitimidad de tu sed de venganza, lo que revelaría una doble voluntad. Debe ser algo así lo que quiere decir Kierkegaard, y, como pensador religioso, se referiría a Dios como el garante del bien, y, por tanto, de la pureza de corazón. En sentido estricto, solo podemos querer una cosa si es el bien lo que buscamos, porque solo el bien está completo y es indivisible.

Si debemos querer una cosa, entonces tenemos que tener una relación adecuada con el bien. Si queremos el bien «por amor a la recompensa», escribió Kierkegaard, entonces, básicamente, no queremos una cosa. Lo muestra con una analogía: «Si un hombre quiere a una chica por su dinero, ¿quién lo llamará amante? Al fin y al cabo, él no ama a la chica sino al dinero».[30] Querer una cosa significa, entonces, querer el bien no para conseguir una recompensa o por miedo a un castigo, sino precisamente porque es bueno: «Que el bien es su propia recompensa, sí, que es eternamente cierta. No hay nada tan cierto, no es más cierto que la existencia de un Dios, porque es uno y el mismo».[31] Aquí, Kierkegaard asocia a Dios con la idea de que el bien es una recompensa por derecho propio; que el bien es su propio propósito. Estemos o no de acuerdo con este concepto de Dios, Kierkegaard se muestra aquí como un crítico agudo de la instrumentalización tan extendida en nuestra época, cuando cada vez más fenómenos se consideran valiosos puramente en la medida en que nos beneficien en algo.[32] Si hacemos algo «para obtener algo» nosotros, entonces, en sentido estricto, no queremos una cosa, de acuerdo con el análisis de Kierkegaard, y estamos condenados a continuar teniendo un doble ánimo. Por ese motivo, las motivaciones y preferencias personales son naturalmente complejas y cambiantes, mientras que solo el bien es una cosa. El resultado es que la «pureza de corazón» exige que aprendamos a querer el bien en sí. Según Kierkegaard, esto no conducirá a la opresión por el yugo del deber, sino que nos liberará: «Tan diferente es la persona que quiere el bien de verdad que es la única persona libre, libre a través del bien. Pero entonces alguien que quiere el bien solo por miedo al castigo no quiere el bien de verdad y por lo tanto el bien solo hace de él un esclavo».[33]

Que la pureza de corazón es querer una sola cosa no es una observación psicológica empírica, tal como yo la entiendo. En realidad, nuestros deseos más o menos legítimos e impulsos psicológicos están formados por una serie de motivos y justificaciones que rara vez comprendemos del todo. Más bien es una declaración existencial que dice algo sobre un conjunto ideal de condiciones básicas para la vida. Por eso Kierkegaard insiste en la existencia del bien. Hasta qué punto es posible estar motivado por el bien es otra cuestión, lo que nos lleva a la psicología. Sin embargo, hay abundantes testimonios de la importancia radical del bien en la vida, por ejemplo en el libro *Dying We Live*, editado por Gollwitzer et al., que recopila cartas conmovedoras escritas a sus seres queridos de personas internadas por los nazis y condenadas a muerte durante la Segunda Guerra Mundial.[34] Un joven alemán con toda la vida por delante escribe a sus padres para explicarles que preferiría la muerte antes que alistarse en las SS. El castigo por resistirse al reclutamiento que exigía la sociedad totalitaria en el sistema nazi era la ejecución. En general, los individuos probablemente aceptarían ser reclutados para salvarse, pero aquí tenemos a alguien que no podía transigir con su idea del bien. Prefería perderse el resto de su vida que sacrificar su integridad y su compromiso con los ideales éticos. Es realmente heroico. Por suerte, rara vez nos vemos obligados a tomar una decisión de ese calibre. Sin embargo, desde el punto de vista psicológico, resulta interesante (y edificante) que algunas personas consigan mantener la pureza de corazón en situaciones tan extremas. En cierta medida, recuerda a las famosas palabras de Lutero del 16 de abril de 1521, cuando fue acusado por la Iglesia de haber expresado críticas al papado y sus indulgencias: «Aquí estoy, no puedo hacer otra cosa». Tanto el joven alemán antinazi como Lutero parecen pensar que si van a continuar siendo la misma persona, sin importar la forma que adopte su vida, entonces, no existe ninguna alternativa salvo mantenerse fieles a sí mismos. La cuestión de la naturaleza de este bien sobre el que mantenerse firme, por supuesto, es absolutamente crucial. Tal como se ha mencionado más arriba, una persona puede creer que quiere una cosa, pero puede que en realidad no valga la pena querer eso. Y, de acuerdo con Kierkegaard, en realidad, tiene una mentalidad doble. En mi propio intento de desenmarañar esto en *Standpoints*, sostengo que el bien es lo que tiene valor intrínseco y lo que deberíamos perseguir por sí mismo y no para lograr otra cosa. En el contexto de este capítulo y este libro, la cuestión es que el hecho de querer algo, en el sentido existencial, exige aprender el arte de perderse cosas.

Que te importe algo

Hoy en día, el mensaje que se pregona más a menudo no es el consejo de Piet Hein respecto a no quererlo todo, sino el polo opuesto. Un ejemplo extremo es el famoso *coach* estadounidense Tony Robbins. Su abuso de eslóganes motivacionales me parece fascinante. Define el éxito como «hacer lo que quieres hacer, cuando quieras hacerlo, donde quieras y con quien quieras y todo lo que quieras».[35] Esto puede parecer «pureza de corazón», porque señala la importancia de querer algo, pero, de hecho, es todo lo contrario debido a que carece de forma y límites y es infinito («todo lo que quieras»). ¿Y si lo que quieres no es el bien? ¿Y si no vale la pena quererlo? Bueno, continúa siendo un éxito mientras hagas lo que quieras. ¿Y si quieres cambios constantes? Entonces, tienes que seguir corriendo de una cosa a otra por si te pierdes algo mejor. La observación de Kierkegaard de que querer una cosa debe estar relacionado con el bien (porque solo el bien es una cosa) es muy relevante aquí. Sin un marco ético, el hecho de querer algo es aleatorio y solo está controlado por los deseos y preferencias más o menos pasajeros de la persona.

El filósofo Harry Frankfurt, conocido por su ensayo humorístico «*On Bullshit*: sobre la manipulación de la verdad», escribió un artículo seminal de la filosofía moderna llamado «La importancia de lo que nos preocupa».[36] En él, intenta explicar con mayor detalle este tema existencial. En lugar de concentrarse en lo puramente epistemológico («¿Qué debería pensar yo?») o en lo puramente moral («¿Cómo debería actuar yo?»), el ensayo trata simplemente de lo que debería preocuparnos en la vida. ¿Qué tiene un significado profundo, existencial?

Frankfurt dice que esta última pregunta está relacionada con la ética, pero no solo en un sentido estricto, porque la gente se preocupa por todo tipo de cosas sin someterlas necesariamente a ninguna evaluación ética específica. Un ejemplo de esto procede de la doctora Lise

Gormsen. En una visita a una anciana que tenía dolor crónico en un ala de cuidados paliativos, Gormsen le preguntó sobre sus problemas y preocupaciones. Y se llevó una sorpresa mayúscula cuando la anciana le contestó que lo que más la preocupaba no eran sus dolores del cuerpo sino que no había podado las rosas de su jardín.[37] Incluso las personas que no tengan rosas en el jardín entienden lo que quiere decir. Cuidar las rosas del jardín no es una cuestión ética ni moral en sentido tradicional,[38] pero puede ser importante para una persona que le ha dedicado tiempo y energía. Frankfurt cree que este tipo de cosas es algo que la filosofía debe reconocer mejor. Es decir, que hay cosas que nos preocupan en la vida. Además, como a menudo nos sentimos identificados con las cosas que nos importan, esto explica que nos sintamos vulnerables si les ocurre algo (por ejemplo, si las rosas se mueren).

Para Frankfurt es crucial señalar que preocuparse por algo es distinto al mero hecho de tener un deseo o ansia por algo. Es posible que anheles algo brevemente y que, al cabo de un momento, lo olvides. En cambio, no puede preocuparte algo un momento aislado. Para que algo te importe, es imprescindible el paso del tiempo, que se convierta en parte de tu forma de vivir la vida y de tu identidad. Dicho de otro modo, se da cuando logras una clase de pureza de corazón. Frankfurt también subraya en que las cosas que nos importan normalmente están fuera de la influencia de nuestra voluntad. Podemos esforzarnos al máximo (podemos regar, podar y abonar las rosas) pero nada nos garantiza el éxito. En consecuencia, preocuparse por algo siempre implica el riesgo de llevarse una decepción o sufrir un verdadero dolor. Ese es el precio del amor, como se dice a menudo (acertadamente). Al mismo tiempo, hay algo liberador en correr este riesgo, en aceptar que hay aspectos del mundo fuera de nuestro control. Como indica Frankfurt, es un tema recurrente en nuestras tradiciones morales y religiosas. Estamos en nuestro mejor momento como humanos, afirma, cuando «escapamos de nosotros mismos a través de la razón y el amor.[39] Al desplegar la razón (que es impersonal en el sentido de que todos la tenemos), nos liberamos de la prisión de la subjetividad y el egocentrismo. Lo mismo sucede si nos abrimos a un amor que es personal y relacional. La capacidad de que algo nos importe nos permite rendirnos a otra cosa (por ejemplo el mejor argumento o la persona amada), y, al hacerlo, dotar a nuestra vida de forma y a nuestras acciones de integridad. Sin embargo, también implica un riesgo de desilusión y derrota (quizá resultará que mi argumento es más débil que el de la persona con la que debato; o quizá la persona a la que quiero me deje). En esas circunstancias, de nuevo, deberíamos practicar querer una cosa (el bien) haciendo más hincapié en la verdad que en ganar el debate o en el hecho de que nuestro amor no haya sido correspondido. La pureza de corazón es querer una sola cosa. No para conseguir algo a cambio (en ese caso no sería pureza de corazón, sino una transacción financiera), sino porque lo que nos importa vale la pena quererlo de por sí, en sí mismo, y en consecuencia ya es una cosa.

El mito del potencial humano

Después de que Kierkegaard identificara la importancia existencial de querer una cosa, quedó claro que hacerlo suponía grandes riesgos. Incluso se podría decir que es prácticamente seguro que esté abocado al fracaso. No porque el bien no sea una cosa (según Kierkegaard, lo es por definición), sino porque los seres humanos son falibles y rara vez logran corazones completamente puros, excepto en casos raros como el del joven alemán mencionado más arriba. Por lo tanto, el riesgo es que al querer una cosa acabemos decepcionados porque fallamos en algún punto del camino. Pero vale la pena correr ese riesgo. Es el riesgo que corremos cuando nos casamos y decimos que sí a una vida entera de compromiso, pese a saber perfectamente que casi la mitad de las bodas acaban en divorcio. Es el riesgo inherente a querer una cosa en una relación de amor con otra persona y quizá vivir con ella durante años y que esa pareja te sea infiel y quizá incluso te abandone algún día. ¿Han sido años malgastados? ¿Nos han tomado el pelo? Kierkegaard nos consolaría diciéndonos que no. Si queremos el bien en una relación, este tiene una validez que no desaparece simplemente con la otra parte, aunque nos sintamos decepcionados. Al atrevernos a dejar pasar todas las demás tentadoras oportunidades de amor que podrían presentarse en el camino, nos hacemos vulnerables. Pero las alternativas son peores. Una opción es intentar evitar que nos importe algo en particular porque no queremos limitarnos y preferiríamos experimentar el máximo posible. En sentido kierkegaardiano, esto conduce a una clase de desesperación estética, y la vida se convierte en una larga búsqueda de la próxima experiencia. Vivimos una vida sin forma particular porque intentamos querer no una sola cosa, sino todo. Y eso es un empeño condenado al fracaso. La otra alternativa es intentar extinguir el hecho de querer del todo. Es decir, querer lo mínimo posible porque el riesgo de decepción que implica querer algo específico es demasiado elevado. No atreverse a querer nada probablemente sea el punto más bajo al que puede llegar una persona. El cazador de experiencias inquieto como mínimo tiene sus placeres y diversiones. Una de las características clave de la depresión es lo que los médicos y psicólogos llaman *anhedonia*, cuyos síntomas incluyen falta de deseo. Un reducido número de ascetas puede que sean capaces de eliminar el deseo sin demasiados efectos adversos pero, para la mayoría de la gente, la falta de deseo (que, al fin y al cabo, es algo motivador desde el punto de vista psicológico) sería extremadamente debilitadora. Para la mayoría de la gente, no tener deseo sería peor que la decepción de no lograr aquello por lo que luchan. Pero eso solo hace que luchar por lo que es adecuado sea aún más importante.

Un tema clave en nuestro concepto moderno de humanidad es el interior: lo que buscamos debe nacer de dentro para así realizarnos y conseguir todo nuestro potencial. Hoy en día, de acuerdo con el psicoanalista Adam Phillips (que ha escrito uno de los pocos libros sobre la importancia de perderse cosas), nos persigue el mito de nuestro propio potencial.[40] Tal como Platón relata en la *Apología*, al ser condenado a muerte, Sócrates dijo: «Tendríais aún menos fe en mí si dijera que, de hecho, no hay mayor bien para un ser humano que pasar todos los días discutiendo lo que significa ser una persona decente y todas las demás cuestiones que me has oído exponer en mis estudios sobre mi propia vida y la de los demás: solo vale la pena vivir la vida cuando somos capaces de someterla a un examen crítico». Dicho de otro modo, Sócrates creía que no vale la pena vivir la vida a menos que esta esté sometida a examen. Al hacer referencia a la «vida examinada», no se refería al tipo de ombliguismo moderno al que se entrega la gente cuando mira hacia dentro y trata de comprender su vida única y sus oportunidades. Lo que Sócrates quería discutir era qué constituye una «persona decente» y cómo convertirse en una. En la Antigua Grecia, la filosofía no era un vehículo para el «desarrollo personal», una herramienta para hacer realidad nuestro yo más auténtico. Trataba de justicia, belleza y bondad, de ser el mejor ser humano posible. En su libro, Adam Phillips reformula la idea de Sócrates para argumentar que vale la pena examinar la vida no vivida. ¿Qué quiere decir?

La premisa de Phillips es que la vida no vivida (la que vivimos en nuestra imaginación, en el arte y en nuestros sueños) a menudo es más importante para nosotros que la que vivimos en realidad. Esto no es para defender el escapismo irresponsable; al contrario, es el reconocimiento de que, en gran medida, las cosas por las que no optamos, las que omitimos, son lo que nos hacen ser quienes somos. Los existencialistas sostienen que los individuos se definen por sus acciones. No están equivocados del todo, pero también debemos tener en cuenta que nos define en la misma medida lo que no hacemos. Estamos formados por lo que nos perdemos, no solo por lo que hacemos. Solo así la vida logra la forma que Løgstrup consideraba existencialmente crucial. Sin embargo, tal como Phillips ha aprendido de la mano de sus pacientes, perderse cosas ha llegado a ser difícil: «Una vez que la promesa de la inmortalidad, de ser escogido, fue desplazada por la promesa de más vida —la promesa, como decimos, de sacar más partido a la vida—, la vida no vivida se convirtió en una presencia acechante en una vida legitimada solamente por el deseo de vivirla».[41] Si esta vida es la única que tenemos la esperanza de vivir, nos obsesionamos con vivir y experimentar el máximo posible. Además, también nos obsesionamos con no perdernos nada, algo que no solo es angustioso para el individuo, sino, en última instancia, destructivo para la sociedad y la cultura. Porque, ¿cómo podríamos satisfacer un anhelo infinito de más y más? ¿Cómo ponemos el freno y decimos que ya basta? Phillips cita al sociólogo y crítico cultural Philip Rieff, que escribió que el camino al secreto más profundo de la moral y la cultura es saber qué evitar. Sin embargo, hoy en día, ¡se considera mejor no evitar nada en absoluto! Hace poco escuché un interesante programa de radio en el que jóvenes *geeks* cibernéticos comentaban la digitalización de la vida sexual a través de internet. Todo el tiempo aparecen nuevas oportunidades de placer sexual; por ejemplo, robots y formas de pornografía anteriormente inimaginables. Todos los participantes pensaban que era importante probar tantos como fuera posible. Y, ¿por qué no? Es prácticamente imposible rechazar algo nuevo y emocionante sin parecer soso y reaccionario. Yo mismo he estado interesado en el atractivo de lo «nuevo» desde que leí una entrevista con el grupo tecno The Overlords cuando aún estudiaba. Dijeron que si tenían que elegir entre algo viejo que era bueno y algo nuevo que era peor, elegirían lo último, simplemente porque era nuevo. Yo no afirmaría que esa postura (que, en sentido estricto, es absurda) se acepta de forma universal, pero diría que nuestro miedo a perdernos cosas (FOMO) significa que muchos de nosotros nos inclinamos más hacia ella de lo que queremos admitir.

No siempre puedes conseguir lo que deseas

Pero ¿por qué deberíamos experimentar el máximo de cosas posible? ¿Qué ganamos con todas esas experiencias nuevas? No hay premio para la persona que llega primero o hace más cosas. De hecho, todos cruzamos la línea de meta en el mismo punto porque la muerte nos espera a todos. Los análisis realizados hasta ahora en este libro indican que el impulso de probarlo todo nace de la idea de un más infinito, insaciable, que es una parte intrínseca de la cultura capitalista moderna. Esta idea casi adopta una fuerza religiosa cuando va acompañada de la filosofía «*Just do it!*» y el imperativo de hacer tanto como sea posible antes de morir. Sin embargo, si la interpretación histórica de la emergencia de esta idea es válida, no es una parte intrínseca de la naturaleza humana. Al contrario, muchas culturas (quizá la mayoría) históricamente se han basado no en hacer más, sino en tener un papel productivo en los ciclos naturales. La primera transición histórica significativa apareció con la emergencia de la agricultura, cuando los humanos empezaron a pulir y optimizar su relación con la naturaleza. La segunda llegó con la revolución industrial y la idea de la acumulación, tal como analizó el sociólogo Max Weber en su libro sobre la ética protestante.[42] Según Weber, el mayor bien de la ética de trabajo protestante es adquirir más y más dinero, un fenómeno puramente instrumental que se convierte en un objetivo en sí mismo a costa de la felicidad individual. Con la aparición del último nuevo capitalismo en el siglo XX, la ética de la sociedad industrial basada en el deber o las necesidades gradualmente se fusionó con la ética basada en el placer de la sociedad de consumo. Ahora no es solo la acumulación de capital un objetivo en sí mismo, sino también la realización del capital, a través del consumo y la realización personal. Ahora todo el mundo tiene el derecho a lo que quiera, siempre que quiera (aunque dentro de la ley).

En 1969, tras la rebelión contracultural de esa era (que, en realidad, solo implicó a una pequeña minoría de la población), Mick Jagger, de los Rolling Stones, cantó: «*You can't always get what you want / But if you try sometimes, well, you just might find / you get what you need*» [No siempre puedes conseguir lo que quieres / pero si lo intentas, bueno, a veces verás / que consigues lo que necesitas]. En este capítulo se ha procurado ofrecer una razón existencial por la que, cuando te digan que no siempre puedes conseguir lo que quieres, respondas «¡Y menos mal!». Los deseos humanos son diversos y cambiantes, sobre todo cuando la sociedad de consumo y los medios de comunicación nos bombardean constantemente con tentaciones y llamadas a la acción y el mero hecho de tener un deseo hace que sea legítimo. Todo esto hace que sea difícil distinguir los deseos importantes de los insignificantes. Es duro defender conformarse con menos y es difícil preocuparse realmente por algo de una forma vinculante y duradera. Las palabras de Kierkegaard sobre la pureza de corazón pueden sonar pomposas y extrañas para los oídos modernos, porque estamos acostumbrados a mirar en nuestro interior para encontrar un rumbo en la vida y en el significado de las cosas, pero quizá sus palabras puedan ayudar a los lectores modernos a darse cuenta de que hay un mundo más allá de nosotros mismos en el que algo puede ser bueno o malo, independientemente de nuestros deseos y preferencias. Y quizá podría ser liberador perseguir el bien, independientemente de la posible ganancia personal. Si hay algún valor en esta idea, la ambición de realizar el máximo número de nuestros propios deseos está lejos de ser liberadora. Al contrario, al hacerlo, corremos el riesgo de convertirnos en esclavos de nuestros deseos. Para liberarnos, debemos estar preparados para perdernos algo. Dicho de otro modo, debemos querer una sola cosa en vez de quererlo todo y sucumbir a lo que no tiene forma.

3

EL VALOR DE LA MODERACIÓN

Filósofos y teólogos llevan milenios reflexionando sobre la capacidad del ser humano como especie ética y moral.[43] Recientemente se han sumado a ellos antropólogos, sociólogos, psicólogos, economistas e investigadores de otras disciplinas que también han llevado a cabo estudios sobre lo que nos distingue (probablemente más que cualquier otra cosa) como especie: nuestra capacidad para actuar de forma moral (y, por tanto, inmoral). Las perspectivas de los economistas han sido especialmente notables porque durante mucho tiempo han ejercido una gran influencia social a la hora de definir nuestra comprensión de la humanidad. Su modelo estándar (a veces denominado *homo economicus*) se basa en que todos somos individuos racionales que, en una situación concreta, actuaremos en nuestro propio interés para maximizar el beneficio personal. Dicho de otro modo, esta perspectiva nos considera a todos analizadores del coste-beneficio para obtener el máximo de lo que queremos con el mínimo esfuerzo posible. Deja poco margen para la idea de que los seres humanos somos seres éticos. Como mínimo en el caso de que la ética se entienda como algo que implica un sacrificio personal y una generosidad sin condiciones; es decir, si actuar de forma ética a veces conlleva dar algo sin esperar necesariamente algo a cambio.

En décadas recientes, esta perspectiva económica ha sido cuestionada, no solo por otros economistas, sino también por psicólogos que han llevado a cabo numerosos experimentos que demuestran que, en la práctica, a menudo actuamos de una forma muy distinta a la que se esperaría si todos fuéramos realmente solo *homo economicus*. El psicólogo Daniel Kahneman incluso recibió el Premio Nobel de Economía en 2002 por su trabajo en esta área (no hay Premio Nobel de Psicología).[44] Uno de los experimentos más famosos que cuestionan este concepto de la naturaleza humana es el juego del ultimátum. Tiene muchas variantes, pero la idea básica implica dos participantes, a uno de los cuales se le entrega una suma de dinero por ejemplo, 100 libras esterlinas, y debe decidir cómo se debería compartir. Puede optar por quedárselo todo, dividirlo a partes iguales con el otro individuo, o que cada uno obtenga una cantidad distinta. A continuación, el otro participante decide si acepta o rechaza la cantidad que le ha ofrecido. Si la acepta, el dinero se divide tal como ha propuesto el primer sujeto. Si rechaza la propuesta, ninguno de los dos recibe dinero. De acuerdo al modelo económico estándar de comportamiento humano, el experimento dice que es racional que el receptor acepte cualquier cantidad que le ofrezcan. Si solo le ofrecen un penique y el primer sujeto se queda con 99,99 libras, sigue siendo mejor conseguir esa moneda que nada. Incluso si no le ofrecen nada (es decir, si el primer individuo tiene la intención de quedarse todo el dinero), no hay ningún motivo racional para rechazar esa decisión porque el hecho de que el que lo propone pierda dinero no afecta a lo que habría recibido ese sujeto. Sin embargo, la realidad no funciona así. Los experimentos han demostrado que tenemos una fuerte tendencia a rechazar algo que percibimos que es injusto, incluso cuando salimos personalmente perjudicados al hacerlo. Como mínimo, eso es lo que ocurre en ciertos contextos culturales, aunque haya variaciones significativas en todo el mundo. En el norte de Europa, muchas personas rechazarán aceptar una cantidad que consideran injusta (porque piensan que la otra persona recibe una cantidad desproporcionadamente superior), aunque eso signifique perderlo todo. En algunos casos parece que lo justo (y quizá el deseo de castigar a un adversario tacaño) es una motivación más fuerte que el deseo de «sacar el máximo partido de algo».

El aspecto más interesante del juego del ultimátum es si la persona a la que se ofrece la suma de dinero, o ninguna, la rechaza o la acepta. Una versión aún más simple, que solo considera a la persona que hace la oferta, se denomina «juego del dictador». En esta versión, el proponente es completamente soberano y tiene poder dictatorial para compartir el dinero, mientras que la otra parte no tiene influencia y se ve obligada a aceptar lo que se le ofrezca. Si no le ofrecen nada, bueno, así son las cosas; y si le ofrecen la mitad, también está bien. Es lo que parece pensar la mayoría de la gente. Una vez más, el modelo económico estándar prediciría que el proponente (el dictador) querría quedarse con el máximo posible. Si tiene 100 libras esterlinas para asignar, debería conservarlas todas y no ofrecer nada al otro jugador. En cambio, en la práctica, los resultados suelen ser distintos, y pueden devolvernos un poco de nuestra fe infantil en la humanidad. El hecho es que muchos jugadores optan por dar al otro una parte del pastel, a veces una bastante grande. Christoph Engel, director del Instituto Max Planck de Investigación sobre Bienes Colectivos, de Bonn, ha resumido los resultados de más de 100 estudios publicados del juego del dictador. Calcula que, de media, «el dictador opta por dar al otro jugador aproximadamente el 28 por ciento de la suma total[45] y hay que tener en cuenta que se trata de un completo desconocido, alguien a quien probablemente nunca volverán a ver y a quien no deben nada. Solo algo más de una tercera parte de los «dictadores» se quedan todo el dinero para ellos, mientras que alrededor del 16 por ciento divide el dinero a partes iguales. Y vale la pena señalar que el 5 por ciento da todo el dinero.

Evidentemente, ha habido un intenso debate alrededor de este tipo de resultados. Aunque no haya consenso respecto a cómo interpretarlos, sí que parece que la gente suele ser mucho más generosa (incluso con desconocidos) de lo que nos hace pensar el modelo económico estándar.

Usando la terminología empleada en este libro, parece que muchos de nosotros estamos dispuestos a renunciar a algo que podríamos tener, incluso cuando no albergamos expectativas de recompensa en algún momento futuro. Una interpretación posible de esto es que básicamente somos seres éticos que no siempre pensamos en lo que es mejor para nosotros en cada situación y tenemos un sentido de la justicia que significa que estamos preparados para tener en consideración a otras personas, incluso los extraños y compartir algo con ellos. Dicho de otro modo, somos capaces de establecer una visión general de una situación y evaluar lo que es justo de una forma relativamente independiente de nuestro propio beneficio potencial. En cierta medida, esto debería darse por sentado, pero los resultados se han hecho famosos y han conducido al Premio Nobel por alguna razón. Tal como se ha mencionado anteriormente, la comprensión económica que forma el pilar científico de la sociedad moderna se basa en una visión totalmente distinta de la humanidad, una que afirma que todos somos criaturas que quieren *más, más y más*, y que solo hacemos cosas que nos benefician. Por eso estos resultados son alentadores para aquellos de nosotros que todavía consideramos que la moderación y la generosidad son virtudes éticas. Este capítulo se centra precisamente en el valor ético inherente a la moderación y al hecho de perderse cosas.

El lirio y el ave

Una de las lecciones de estos experimentos económicos es que la idea de los individuos como átomos egocéntricos, dentro de una sociedad motivada solo por el propio interés es simplista y errónea. Por supuesto, actuamos de forma egoísta e interesada en distintas situaciones, pero no estamos programados para eso. No es «nuestra naturaleza». Las personas quieren ser generosas y colaborar y ayudar a los demás si viven en un entorno que lo facilita. Hoy en día, muchos psicólogos sostienen no solo que somos seres relacionales que buscan compañía, sino que probablemente seamos así desde el principio. El famoso psicólogo del desarrollo Donald Winnicott afirmó radicalmente que, en sentido estricto, el bebé no existe,[46] porque el bebé no es nada sin sus cuidadores. La unidad de piscología del desarrollo más pequeña no es el niño (que Winnicott consideraba casi una abstracción), sino el niño y su cuidador (en su época, se refería exclusivamente a la madre como cuidadora, pero hoy en día reconocemos que los hombres también son capaces de desempeñar esta función). El niño es básicamente relacional, interactúa con el mundo, y tiene relaciones intersubjetivas. Solo más tarde, y de forma bastante gradual, construye una comprensión de sí mismo como sujeto separado y empieza a ocultar sus sentimientos, y, más tarde aún, incluso finge tener ciertos sentimientos sin tenerlos en realidad. Los psicólogos del desarrollo después de Winnicott han trazado un mapa de las fasci-

LA ALEGRÍA DE PERDERSE COSAS

nantes interacciones en las que participan los niños desde que son pequeños, lo que ilustra que las personas básicamente están «de cara afuera» en sus relaciones con el mundo y con otras personas. La idea de la filosofía occidental de que cada uno de nosotros es un espacio psicológico interior y cerrado es notablemente distinta a la visión de la mayor parte de las demás culturas sobre la naturaleza humana. Sin embargo, pensamientos como este han formado la base de la visión económica de la humanidad porque si cada uno de nosotros es un mundo pequeño y cerrado independiente, lógicamente somos autosuficientes y deberíamos optimizar cualquier deseo y preferencia que tengamos a cualquier precio. En mi libro *Standpoints* denominé a esto un tipo de «nihilismo pasivo»: la idea de que el mundo está desprovisto de sentido y de valor hace que esos conceptos sean cosas que debes crear subjetivamente en tu «mundo interior».[47]

Sin embargo, si en lugar de eso consideramos que somos seres relacionales, sabemos que en realidad no somos nada sin los demás, que no solo son personas abstractas, sino individuos específicos con los que tenemos relaciones y con quienes compartimos una historia común.

Toda esta red de relaciones humanas que conforma la materia fundamental de nuestra vida es lo que Løgstrup denomina «interdependencia», una condición básica de dependencia mutua en la que nos debemos la existencia los unos a los otros. Para que esta red de relaciones funcione, debemos aprender el arte del autocontrol desde el principio. No podemos exigir hacer siempre nuestra voluntad solo porque pensemos que nuestras ideas son fantásticas. Debemos adquirir cierta reserva, aprender a escuchar a los demás y, a veces, incluso contenernos. Expuesta así, esta idea suena casi arcaica, porque es prácticamente lo opuesto a lo que se nos anima a hacer hoy en día. Se supone que todos debemos ser proactivos, asertivos y estar en constante autodesarrollo y leer libros de autoayuda y hacer cursos de desarrollo personal. Una fórmula para el éxito, como decíamos en el capítulo anterior, es hacer «lo que quieras, cuando quieras, donde quieras, con quien quieras y tanto como quieras», al menos, según un «*coach* de vida» estadounidense. Suena aún más arcaico si volvemos a Kierkegaard y a la «fórmula de éxito» (que él nunca habría llamado así), expresada en sus textos y discursos sobre el lirio y el ave.[48] En esas obras, Kierkegaard examina lo que pueden aprender las personas de los lirios y las aves. Su respuesta puede parecer pesada y antigua, pero también tiene una poesía peculiar: «¡silencio, obediencia, alegría!». Con el lirio y el ave como maestros, Kierkegaard implora a la humanidad para que, sobre todo, aprenda el silencio, evite hablar. Si los seres humanos no tuviéramos la facultad de hablar, no habría motivos para aprender el arte del silencio. Como el lirio y el ave no la poseen, su silencio no es un arte, pero los humanos debemos aprenderlo. ¿Por qué?, puede que te preguntes. ¡Porque así podremos aprender a escuchar!

Kierkegaard no decía que las personas debían ser exactamente como el lirio, el ave o cualquier otro organismo que carece de la facultad de hablar, pero sí que pensaba que eran buenos ejemplos desde el punto de vista ético. Evidentemente, una persona es una criatura mucho más compleja que un lirio o un ave, y por eso somos capaces de experimentar un sufrimiento más profundo que ellos. Nuestro sufrimiento no nace de nuestra capacidad de hablar («ya que esa es una virtud», escribe Kierkegaard), sino de «nuestra incapacidad de estar en silencio».[49] Como pensador cristiano, Kierkegaard creía que el silencio expresa reverencia por Dios. Aunque se trate de la interpretación de un hombre de fe, creo que el análisis de Kierkegaard incluye un conocimiento aplicable de forma más general: es decir, que hay una realidad y que está formada por otras personas, pero que también hay un orden natural superior al que deberíamos escuchar, en lugar de hablar y llenar el tiempo y el espacio siempre con nuestros deseos y observaciones subjetivos. El escritor noruego Karl Ove Knausgård aborda esta cuestión en su ensayo largo *En primavera*. En un pasaje, describe a su hija, que está en una fiesta con sus compañeros de clase, comiendo salchichas, lo que le lleva a la siguiente reflexión poética:

> Me quedé donde estaba, de pie, con una mano en el bolsillo y la otra agarrando el cochecito. La trivialidad que transmitían los botes de kétchup y mostaza, las salchichas quemadas y la mesa de camping sobre la que se habían colocado las botellas de refrescos resul-

taba casi inconcebible allí, bajo las estrellas, a la luz danzante de la hoguera. Era como si me encontrara dentro de un mundo banal mirando dentro de otro mágico, como si nuestras vidas se desarrollasen en la frontera entre dos realidades paralelas.

> Venimos de lo lejano y aterradoramente bello, porque un niño recién nacido que abre los ojos por primera vez es como una estrella, como un sol, pero nosotros vivimos nuestra vida en lo pequeño y lo necio, en el mundo de las salchichas quemadas y las tambaleantes mesas de camping. Lo lejano y aterradoramente bello no nos abandona, está siempre ahí, en todo lo que siempre es lo mismo, en el sol y las estrellas, en la hoguera y la oscuridad, en la alfombra azul de flores bajo el árbol. No podemos usarlo para nada, nos resulta demasiado grande, pero podemos mirarlo e inclinarnos ante ello.[50]

Sí, es sentimental. Pero ¿de qué otro modo expresaríamos el hecho de que haya un mundo, una naturaleza, un todo que no hemos creado, que «no podemos usar», sino únicamente inclinarnos ante él y mirarlo en silencio? Considero a Knausgård una voz contemporánea que intenta expresar lo mismo que quería decir Kierkegaard, de una forma más arcaica, con la historia del lirio y el ave. Los dos hablan de algo para lo que casi hemos perdido el vocabulario con que describirlo: un tipo de asombro por el hecho de que el mundo exista, un asombro que también tiene una dimensión ética.

Esto también se aplica al tipo de obediencia que Kierkegaard identifica y que para él significa, por supuesto, obediencia a Dios, pero que también se puede interpretar de forma más general como una forma de vivir que subraya lo factual, aceptando que hay algo que no se puede cambiar y que, por tanto, es algo a lo que debemos «obedecer» aunque preferiríamos «hechos alternativos» que apoyen nuestro propio argumento.

Por último, existe la alegría de ser, de la que escribe Kierkegaard de una forma que casi recuerda a los «ejercicios de gratitud» de la psicología positiva contemporánea: «que te hiciste hombre; que puedes ver (solo piensa, ¡que puedes ver!), que puedes oír, puedes oler, puedes saborear, puedes sentir; que el sol brilla sobre ti... y por ti, que cuando el sol se cansa entonces empieza la luna, luego se encienden las estrellas». Continúa enumerando muchos fenómenos por los que deberíamos alegrarnos antes de llegar a la conclusión final: «Si esto no es nada por lo que alegrarse, no existe nada por lo que estar alegre».[51]

Según Kierkegaard (y Knausgård, a su manera), el silencio, la obediencia y la alegría son exigencias impuestas a la humanidad que nos otorgan carácter ético y dignidad, pero también se basan en la capacidad de autocontrol y no en la idea de sobrepasar límites. El pensador cristiano Kierkegaard no es el único que escribe sobre esta cuestión. El comentador cultural danés y socialista radical Otto Gelsted también escribió maravillosamente al respecto en su poema «Salmer» (Salmos), publicado en la colección *Enetaler* (Monólogos) de 1922.

En este caso, no es el lirio ni el ave sino los árboles lo que sirve de inspiración ética y existencial:

Mirarte el ombligo
no es más que una vida pobre,
escoger nuestros dolores,
un mal pasatiempo.
Mira los árboles de la valla,
vale la pena verlos.
Qué altos, orgullosos y silenciosos
están todos.
Como animales que se acurrucan entre sí
contra la humedad de la noche,
los árboles se mecen
en el brillo de la tarde del sol,
tan creíbles y seguros
en su manto de hojas
como animales con espaldas peludas.
¡Polvo, sí, son de polvo!

Hay personas que dicen que la verdad es poética (¡mientras que otras podrían añadir que entonces es una lástima que la gente no soporte la poesía!). En cualquier caso, parece más adecuado transmitir ciertas verdades por medios estéticos (por ejemplo, la poesía) que a través de la prosa científica o lineal. Quizá esto sea sobre todo cierto en la identificación ética/existencial del valor de una vida modesta, en lo que Kierkegaard denominaba silencio, obediencia y alegría.

El carácter moderado en política y ética

Más atrás en el tiempo, Aristóteles también estaba profundamente interesado en el valor ético de la moderación. Su ética de la virtud tiene un papel central en *Standpoints*, así que me limitaré aquí a hacer una introducción breve a su pensamiento.[52] La idea básica de la ética de la virtud es que los seres humanos son criaturas que, igual que todo el resto de las cosas del universo, se deben entender en función de su propósito. Los seres humanos son las únicas criaturas dotadas de razonamiento teórico y práctico y, como tales, tienen la facultad de reflexionar científica y filosóficamente sobre el mundo, pero también disponen de la capacidad de actuar de una manera moralmente responsable. Según Aristóteles, tener y utilizar estas capacidades tiene un valor intrínseco. Los rasgos de carácter necesarios para aprovechar al máximo la naturaleza humana y prosperar en la vida (lo que los griegos denominaban *eudaimonia*) se conocen como las virtudes. Por tanto, una virtud es algo que permite la realización de un propósito interno, si es un cuchillo (donde la virtud es cortar bien, algo que es claramente la propiedad que define a un buen cuchillo) o una persona (cuyas virtudes pueden ser mucho más diversas y difíciles de definir). En consecuencia, para comprender a una persona, debemos comprender las virtudes que le permiten ser buena (del mismo modo que un cuchillo solamente se puede comprender si sabemos cuál es su propósito, es decir, cortar bien).

Para Aristóteles, las virtudes idealmente se encuentran entre dos polos opuestos que se suelen expresar usando la frase «la virtud es el punto medio entre dos vicios». Por ejemplo, el coraje es una virtud ética (algo que, de acuerdo con Aristóteles, es necesario para vivir una vida plena y próspera) que se encuentra entre la cobardía, por un lado, y la arrogancia, por otro. Ser valiente no es lo mismo que ser temerario o estar libre de ansiedad ni preocupaciones, sino que consiste en atreverse a hacer lo correcto aunque lo temamos. Los cobardes carecen de valentía para hacer cualquier cosa, mientras que los arrogantes se lanzan de cabeza a todo tipo de acciones imprudentes. Según la ética de la virtud, ambas son incorrectas. Se puede aplicar un análisis similar a las demás virtudes, lo que implica que la moderación (definida como la capacidad de establecer un equilibrio razonable entre los extremos) es una virtud fundamental en sí misma. Por ejemplo, una buena persona sabe que la generosidad es buena, sin duda mejor que la tacañería. Sin embargo, regalarlo todo quizá no sea tan sensato si te impide alimentarte a ti mismo y a tus hijos. El moderado logra un equilibrio entre la tacañería y la generosidad sin límites. La palabra griega para moderación es *sofrosyne*, que también se puede traducir de otras muchas formas (como autocontrol, enfoque medido, etc.) y jugó un papel clave en los pensadores de la Antigüedad. En un fragmento, Heráclito (que vivió mucho antes que Aristóteles) llegó a afirmar que la *sofrosyne* era la virtud más importante de todas, lo que tiene sentido a la luz de la idea de que «la virtud está en el punto medio».

Sin embargo, recientemente ha habido pocos estudios filosóficos o científicos sobre el valor ético de la moderación. Una excepción es el libro del filósofo Harry Clor *On Moderation*, que intenta defender explícitamente esa virtud anticuada del mundo antiguo en un contexto contemporáneo.[53] Clor está interesado en la moderación en su relación con una práctica política moderada que busca mejorar la sociedad de forma gradual sin arriesgadas aventuras o revoluciones utópicas, pero también como virtud ética o una forma de carácter ético. En términos políticos, Clor subraya que ser moderado no consiste simplemente en lograr un equilibrio entre dos extremos en un sentido aritmético. Un político moderado (que él ve como ideal) «construye consenso y unifica; busca acuerdos a través de líneas partidistas y habla a la gente sin confrontaciones y sin ser incendiario con el fin de unificar».[54]

Clor compara la moderación política con la investigación científica meticulosa, un campo de la actividad humana en el que es importante asumir un enfoque no partidista ante cuestiones complejas y pasar tiempo comprendiendo perspectivas opuestas. Para tomar una decisión razonable (en política, ética, derecho o ciencia), debemos suspender la urgencia de imponer una actitud concreta y aprender a escuchar a otras partes (el silencio de Kierkegaard) que nos permita llegar a una conclusión razonable. Sin embargo, este ideal rara vez se pone en práctica en los contextos políticos modernos. Al contrario, el discurso político está dominado por el comentario ingenioso y rápido (a veces en Twitter) destinado a señalar dinamismo y fuerza. La mayoría de la gente no cultiva la capacidad de cuestionar sus propias perspectivas cuando participa en un debate político. Sin embargo, si la política radica en equilibrar muchas consideraciones y beneficios diferentes, tal como afirma Clor, realmente, es una habilidad que deberíamos promover. La moderación política consiste en respetar el pluralismo y la capacidad de tomar decisiones equilibradas que tengan en cuenta una amplio abanico de preocupaciones. Clor cree que una educación de humanidades clásica nos puede ayudar a comprender el mundo desde muchas perspectivas distintas. Es un punto de vista que comparten varios filósofos (en particular, Martha Nussbaum) que, en años recientes, han hecho hincapié en la importancia de la literatura y otras formas de arte en este contexto.

Si dejamos a un lado la moderación política y vemos la moderación como un rasgo de carácter en sí mismo, vemos que también es crucial para la ética. Clor llega a afirmar que la moderación y el carácter pueden ser considerados sinónimos en el sentido de que tener buen carácter implica la capacidad de decir no a los propios impulsos y resistirse a la tentación. Él cree que, en última instancia, somos nuestro carácter. Esto se corresponde con el análisis psicológico de Phillips expuesto en el capítulo anterior, según el cual nos define tanto lo que no hacemos como lo que hacemos. Entre otras cosas, el carácter radica en la capacidad de resistir, de optar por no participar, de decir no. Aunque el concepto de carácter sea complejo, contiene en su interior al menos dos aspectos que son relevantes desde el punto de vista ético. El primero, comentado por Clor y otros, y que se remonta a Aristóteles, está relacionado con la capacidad de controlar impulsos. Sin esta capacidad, carecemos de integridad y no podemos ser agentes morales fiables. Si siempre actuamos frente a cualquier impulso repentino, entonces en cierto sentido no actuamos en absoluto, ya que estamos pasivamente impulsados y determinados. Tenemos libre albedrío solo en la medida que somos capaces de distanciarnos de nuestros propios impulsos, evaluarlos según nuestros valores y otras consideraciones y, después, tomar una decisión. El segundo aspecto del carácter no trata tanto de tomar decisiones en situaciones individuales y específicas en las que deberíamos ser capaces de decir no y ejercer autocontrol, sino de la forma general que puede adoptar la vida. El filósofo francés Paul Ricoeur describió este aspecto como una especie de autoconstancia en su gran obra *Sí mismo como otro*.[55] El concepto de autoconstancia es clave en mi libro *Sé tú mismo*, que criticaba las muchas prácticas culturales que nos impulsan al desarrollo personal, la flexibilidad y el cambio por el cambio mismo, y que amenazan nuestra autoconstancia, es decir, ese aspecto de nosotros mismos que permanece igual y trasciende el tiempo y el contexto. Si no te esfuerzas por ser fiel a ti mismo, los demás no pueden contar contigo. ¿Qué incentivo tienes para cumplir tus promesas, por ejemplo, si ya no eres la misma persona que eras cuando las hiciste?

De acuerdo con Ricoeur, para lograr autoconstancia, debemos reflexionar sobre nuestra vida en su conjunto y la mejor forma de hacerlo es mirarla como si fuera una narración. En cierto sentido, nuestra vida está formada por historias que debemos interpretar y contar para darle forma a nuestra existencia. Muchos de nosotros escribimos un registro o diario o llenamos álbumes de fotos para reunir las piezas del puzle de la vida. En la psicología contemporánea lo denominamos «identidad narrativa», pero a menudo solo es una forma moderna de expresar la idea antigua de carácter.[56] Por lo tanto, para Ricoeur las personas solo son morales, en sentido estricto, cuando se sienten vinculadas con el conjunto de su vida o con un hilo que retroceda en el tiempo y pueda entenderse como una narrativa coherente en sí misma. Aunque sea un aspecto diferente (*diacrónico*) del carácter que el mencionado con anterioridad (*sincrónico*), ambos se basan en nuestra disposición a perdernos algo. La razón es que, si insistimos en probar todas las identidades y narrativas posibles a lo largo de nuestra vida, la autoconstancia se convierte en algo imposible. En una cultura fascinada por la juventud, que también es pródiga en infinitos recursos sobre desarrollo personal perpetuo, perseguir la eterna juventud y los experimentos infinitos con la identidad puede sonar atractivo. El psicólogo del desarrollo Erik Erikson creía que la juventud acaba con una moratoria tras la cual la identidad está determinada por ciertas obligaciones. Sin embargo, actualmente, esta moratoria puede durar casi toda nuestra vida. De hecho, algunos psicólogos nos animan a vivir en un laboratorio de identidades sin fin. Uno de ellos es el psicólogo postmoderno Kenneth Gergen, que, en un famoso libro sobre realidad y relaciones sugiere que deberíamos explorar muchas narrativas distintas sobre nuestras vidas en vez de comprometernos con una verdad concreta sobre quiénes somos.[57] Es el polo opuesto a la autoconstancia y el carácter. Es vivir la vida de un camaleón. Puedes cambiar de color porque lo dicta la moda, porque otro tono es más oportuno o simplemente porque te aburres. ¿Puede esto formar la base de una vida ética? No si los partidarios de la moderación presentados en este capítulo están en lo cierto.

En su libro *On Settling*, citado en el capítulo anterior, Robert Goodin hace referencia a una escena de la película *Goodfellas*, donde una madre dice a su hijo: «¿Por qué no encuentras a una buena chica?», a lo que el hijo responde: «Ya lo hago. Casi cada noche». Después, la madre insiste: «Pero quiero decir una con la que puedas sentar la cabeza». Y el hijo le responde: «Ya lo hago. Casi cada noche».[58] Es una conversación graciosa, pero ilustra la falta de obligación ética querer algo más, algo diferente y algo nuevo en este caso, en el contexto del amor y el sexo. Si esto se convierte en una actitud constante ante la vida, caemos rápidamente en una especie de desesperación estética kierkegaardiana, destinados a permanecer siempre insatisfechos porque sentimos que algo mejor nos espera a la vuelta de la esquina. Esto no solo nos conduce a un estado de desesperación (consulta el debate existencial del capítulo anterior); sino que también hace que nos sea difícil vivir una vida ética basada en obligaciones, lo que implica necesariamente cierto grado de lealtad, confianza, autosacrificio y otras virtudes similares. Todos estos elementos están relacionados con la moderación y con una disposición a perdernos algo que puede parecer emocionante superficialmente.

Todo con moderación

Oscar Wilde proclamó una célebre frase que decía que podía resistirlo todo, ¡excepto la tentación! Nosotros podríamos añadir, en la misma línea, que deberías hacerlo todo con moderación, ¡incluso la moderación! Digo esto para subrayar que el propósito de la moderación, en un sentido ético, no es una forma de ascetismo o autotormento. Evidentemente, el objetivo es vivir bien y de forma adecuada como seres humanos, y la moderación es solo uno más de los muchos componentes de una vida ética. Es un componente central (posiblemente incluso una virtud cardinal), pero la moderación, como cualquier otra cosa, puede exagerarse hasta un nivel perjudicial. Puede volverse sacrosanta, puritana e insoportable, no solo para los propios moderados, sino también para los que los rodean. Por eso, ¡siempre debemos recordar ser moderados en nuestra moderación!

¿Cómo determinamos la clase de moderación adecuada en una situación concreta? Si consultáramos a Aristóteles, mi punto de partida habitual cuando exploro cuestiones relacionadas con la ética y el individuo, él diría que la única cosa que nos puede ayudar con esto es una vida emocional bien cultivada. Dicho de otro modo, una en la que las emociones no se oponen a la razón, sino que proporcionan un conocimiento fiable sobre el mundo que nos rodea. Es evidente que el miedo nos puede informar de la presencia de algo peligroso y terrible, pero también puede ser patológico, por ejemplo, cuando tememos algo inocente e inofensivo. La culpa de una persona nos puede indicar que realmente es culpable porque ha violado un código moral, pero la culpa también puede ser infundada y tortuosa. Y el orgullo de una persona, para usar un sentimiento más positivo, nos puede indicar que ha hecho algo importante y admirable y que tiene una razón para sentirse orgullosa (de nuevo, puede que este sentimiento no esté justificado, ya que sin duda es posible que alguien se sienta orgulloso de algo cuando no debería). La cuestión es que nuestras emociones son cognitivas o, al menos, tienen el potencial de serlo. Sin embargo, como todas las demás fuentes de conocimiento, nuestra vida emocional también nos puede llevar por el mal camino. Por eso la socialización emocional que ocurre a lo largo de la vida, pero sobre todo durante la infancia, es increíblemente importante. Cuando se aprende el arte del autocontrol, no basta con saber intelectualmente que debemos compartir algo con los demás, dejar que den su opinión, comprometernos con cierta forma de vida y perdernos las otras, etc. También tenemos que ser capaces de sentirlo. No necesariamente porque las emociones posean ninguna autoridad de por sí, sino porque una ética que no deja una huella en el cuerpo, que no se siente, no tendrá grandes posibilidades de traducirse en acción. En última instancia, la ética no es un juego intelectual abstracto, sino una empresa práctica. Consiste en actuar... y abstenerse de actuar. Tener un carácter moral moderado que permita una acción ética requiere una vida emocional bien cultivada en la que hayamos aprendido a disfrutar del bien, temer lo horrible y sentir culpabilidad cuando hemos hecho algo malo. De esta forma, los sentimientos morales ayudan a enmarcar y definir las situaciones en las que nos encontramos, para poder entenderlas mejor y actuar de forma adecuada. En cambio, una sensibilidad exagerada enturbiaría nuestra conciencia de la realidad moral. Teniendo esto en cuenta, vamos a enfrentarnos ahora con las dimensiones psicológicas de perderse cosas.

4

NUBES DE AZÚCAR Y CINTAS DE CORRER

Uno de los resultados más conocidos de un experimento psicológico ocurrió por casualidad. En principio, el investigador principal, Walter Mischel, quería saber cómo reaccionarían unos niños de preescolar al tener que elegir entre una recompensa inmediata (una galleta, un *pretzel* o una nube de azúcar) o una recompensa mayor más tarde (por ejemplo, dos galletas), con la condición de que esperaran hasta veinte minutos antes de comerse la primera. Los niños podían elegir la recompensa y, después, tenían que sentarse solos en una sala de la guardería Bing de la Universidad de Stanford. El experimento se llevó a cabo en la década de 1960. En el libro que escribió al respecto muchos años más tarde, Mischel describe claramente lo que les costó a los niños no comerse la primera recompensa.[59] Mostraron un gran ingenio en sus intentos de desviar su propia atención de aquellas golosinas tentadoras. En cierto sentido, la lucha del individuo que es tentado contra sus propios deseos es fundamental para nuestra autocomprensión, y se remonta a Adán y Eva en el Jardín del Edén. El experimento ilustra la singular complejidad de la psicología humana. Quizá queramos comer algo delicioso enseguida pero, al mismo tiempo, tenemos un deseo opuesto de no comerlo (por ejemplo, porque estamos a dieta o porque preferimos comer más tarde). Esta última fue la opción que se presentó a los niños para poner a prueba su fuerza de voluntad.

Las creativas estrategias de evitación de los niños ya eran fascinantes de por sí, pero el experimento se hizo famoso en todo el mundo porque los investigadores volvieron a los mismos niños varios años después y preguntaron a sus padres sobre el comportamiento y los rasgos de personalidad posteriores de sus hijos. Los descubrimientos fueron sorprendentes y, desde entonces, este experimento se conoce como *The Marshmallow Test* (experimento de la nube de azúcar), aunque se ofrecieran otras golosinas. Más de 550 niños hicieron el test en el período 1968-1974, y el experimento se ha repetido muchas veces desde aquel momento. El descubrimiento más fascinante fue la aparición de una correlación positiva significativa entre la cantidad de tiempo que los niños fueron capaces de esperar durante el experimento y sus resultados en las pruebas SAT (cualificación de entrada para la educación superior en EE.UU.) más tarde en la vida. No solo eso, sino que la capacidad de retrasar la gratificación ha demostrado estar estrechamente relacionada con otras características cuando los sujetos llegaron a la edad adulta (27-32), por ejemplo, en cuanto a autoestima, gestión del estrés y capacidad general de lograr objetivos importantes. Incluso resultó que los niños que fueron clasificados como «altos retardadores» tenían un IMC significativamente inferior que la media de IMC de adultos, con lo que tenían menos tendencia a la obesidad.

Parece increíble que la capacidad de niños relativamente pequeños para retrasar la gratificación en un simple experimento de laboratorio revele tanto sobre su desarrollo a largo plazo. Evidentemente, fue este descubrimiento sorprendente lo que hizo que este test fuera tan famoso. Desde entonces ha pasado a la cultura popular y se ha reproducido muchas veces en varios programas de televisión. Inevitablemente, ha sido utilizado como base para libros de autoayuda como *¡No te comas el marshmallow... todavía! El secreto para conquistar las recompensas más dulces de la vida.*[60] Empecé este libro describiendo nuestra cultura como un nicho ecológico en el que constantemente nos invitan a hacer y consumir. Vivimos en un paisaje cultural lleno de tentaciones. No es de extrañar que muchos de nosotros queramos conocer mejor el autocontrol y su importancia. Pero antes de que los lectores se sometan a sí mismos y a su descendencia a experimentos de nubes de azúcar, vale la pena recordar que la investigación de Walter Mischel trataba sobre todo de correlaciones estadísticas. En principio, los resultados no dicen nada sobre los individuos. Incluso un niño con un mal resultado en el test que devora la golosina sin esperar puede ser después un adulto saludable, delgado y listo, perfectamente capaz de cumplir las normas de la sociedad de la competencia. Si es que vale la pena cumplir esas normas (debo admitir que tengo debilidad por los niños que no esperan). Las medias estadísticas no dicen nada sobre los individuos, y los datos estadísticos publicados a menudo tienen el efecto secundario de asustar a las personas innecesariamente, en función de cómo se presenten las cifras. Por ejemplo, es un hecho que los fumadores tienen 24 veces más de probabilidades de desarrollar cáncer de pulmón que los no fumadores. Esto representa un aumento enorme del riesgo de enfermedades serias, pero también es un hecho que, entre los fumadores, «solo» alrededor del 16 por ciento de hombres y el 9 por ciento de mujeres desarrollan ese tipo de cáncer.[61] Fumar es la causa de alrededor del 90 por ciento de los casos de cáncer de pulmón, pero la gran mayoría de los fumadores no desarrollan la enfermedad, por suerte. No intento quitar importancia a los riesgos de fumar, sino que quiero demostrar que las estadísticas se pueden explicar de muchas formas en función de lo que se quiera mostrar. No podemos extrapolar el hecho de que un individuo fumador acabe padeciendo cáncer de pulmón a partir del conocimiento de que existe un aumento relativo del riesgo para el conjunto de la población. Lo mismo sucede con los niños que hacen el experimento de la nube de azúcar. Sin embargo, en nuestra cultura moderna de la optimización, los descubrimientos estadísticos universales se transforman en un abrir y cerrar de ojos en conceptos educativos y libros de autoayuda para fomentar el autocontrol del individuo sin tener en cuenta las circunstancias.

Una repetición reciente del experimento de la nube de azúcar pone esto en tela de juicio por varias razones. La psicóloga Celeste Kidd y sus colegas invitaron a un grupo de niños a hacer el test más de treinta años después del experimento de Mischel. En esa ocasión, la mitad de los niños primero fueron expuestos a una investigadora impredecible que no mantuvo sus promesas. En cambio, los otros niños hablaron con una fiable.[62] Los resultados mostraron claramente que alrededor de dos tercios de los que fueron recibidos por un adulto fiable fueron capaces de esperar los quince minutos para la doble recompensa en comparación con uno solo (de catorce) en el otro grupo. Los investigadores llegaron a la conclusión de que el autocontrol (en términos abstractos) no solo es esencial para la vida humana, sino también para nuestra confianza en el mundo y en otras personas. Dicho de otro modo, por lo visto está muy relacionado con el contexto (¿es fiable el mundo?) y no solo con una característica (autocontrol) que podamos aislar en el individuo. El nuevo estudio no resta valor al trabajo original de Mischel en absoluto, sino que añade una capa nueva a su interpretación que nos invita a pensar en el éxito de las personas en formas que no son puramente individualistas. Implica que también debemos mirar las condiciones y los entornos que las rodean, no solo sus características psicológicas «internas».[63] Cualquier persona que crece en un mundo impredecible de caos y promesas rotas aprende enseguida a no confiar en nada y no verá ningún motivo para dudar cuando esté frente a la golosina. Basta con recordar el refrán: «más vale pájaro en mano que ciento volando». Lo que a primera vista puede parecer poco autocontrol, en algunos casos puede reflejar experiencia y racionalidad.

El oportunista

Empecé este capítulo sobre la dimensión psicológica recordando el experimento de la nube de azúcar porque nos dice algo sobre la importancia de perderse cosas aquí y ahora para obtener más posteriormente. Hace falta autocontrol para perderse algo y, según Mischel, el autocontrol se puede entrenar como si fuera un músculo. La capacidad para ejercer autocontrol se supone que tiene más importancia para el éxito futuro del individuo que, por ejemplo, un CI elevado (de nuevo, desde el punto de vista estadístico). Sin duda, creo que hay algo cierto en esto, pero más allá de cuestionar la interpretación individualista del experimento de la nube de azúcar, que quita importancia al entorno que inspira confianza, también creo que vale la pena poner en tela de juicio la premisa básica del experimento. ¿Por qué deberíamos desarrollar autocontrol y perdernos una pequeña recompensa aquí y ahora? En el test, la motivación es recibir una recompensa más grande más tarde. Según la lógica del experimento, los seres humanos son criaturas motivadas por la recompensa (y el castigo). Pero ¿qué sucede con las situaciones en las que tenemos que mantenernos a raya a nosotros mismos y retrasar la gratificación sin ninguna expectativa de recompensa mayor más tarde? Por ejemplo, imaginemos a una niña (o a un adulto, para el caso) en un pícnic con un amigo que ha perdido su cesta. A la niña le quedan cuatro nubes de azúcar y le gustaría comérselas todas, pero considera si quizá sería mejor dar la mitad (o al menos una) a su amigo. Probablemente, la mayoría de los padres esperarían que en una situación así su hijo compartiera lo que tiene. Sé que me siento orgulloso cuando mis hijos actúan de esta forma de manera espontánea. Y cuando no, enseguida les insisto para que lo hagan. ¡Comparte y que todos tengan un trozo igual! Puede que compartir valga la pena: el amigo podría devolver el favor en algún momento, pero también puede que no lo haga. En todo caso, la socialización moral estándar nos enseña que la propia pregunta «¿valdrá la pena?» no influye en las cualidades morales de una acción.[64] Solo los oportunistas egoístas se hacen esta pregunta todo el rato. El oportunista puede ser el ideal en el denominado Estado de la competencia, pero el oportunismo es básicamente el polo opuesto a la verdadera fortaleza moral. La tarea del moderno Estado de la competencia se ha convertido en animarnos a considerarnos (conjuntamente) responsables de nuestras propias competencias y autodesarrollo, tanto en el sistema educativo como en el trabajo. De ahí nace el ideal del oportunista, que aprovecha oportunidades, asume la responsabilidad de su propio aprendizaje y promueve sus objetivos personales, que compiten con los de los demás.[65]

Se podría decir que la idea en la que se basa el experimento de la nube de azúcar es suponer la misma lógica oportunista e instrumental. Se trata de aprender a esperar con el objetivo de conseguir una recompensa mayor después. Es un enfoque puramente cuantitativo y al adoptarlo, corremos el riesgo de descuidar la dimensión cualitativa en la que algunas acciones son simplemente más correctas que otras. Esto nos lleva de vuelta al axioma existencial de Kierkegaard de que "la pureza de corazón es querer una sola cosa", lo cual significa que lo que deseas solo puede ser considerado bueno (y no una recompensa) si realmente es una única cosa. Dicho de otro modo, la pureza de corazón es lo opuesto al oportunismo y al *quid pro quo* o la mentalidad de algo a cambio de algo tan común en nuestra cultura. Esto no significa que practicar el autocontrol no sea importante como capacidad psicológica, lo que sostengo es que aunque el autocontrol y la fuerza para resistir a la tentación sea crucial para cultivar el arte de perderse cosas, se trata de un ejercicio bastante vacío y egocéntrico si el único objetivo es obtener una recompensa mayor. Solo está dotado de significado cuando se emplea en contextos que son significativos desde una perspectiva existencial y ética. Sin estas dimensiones relacionadas con los valores, la práctica y el pensamiento de la psicología enseguida se reducen a medios con los que el individuo puede satisfacer sus necesidades ciegamente, es decir, otra forma de oportunismo puro o autoayuda instrumental.

Bienvenidos a la cinta de correr

Otra área de la psicología relevante para el arte de perderse cosas es la felicidad humana y los consejos que se dan para alcanzarla. En los últimos años ha surgido una verdadera industria de la felicidad, con legiones de terapeutas, *coaches*, consejeros y autores de autoayuda que prometen un nirvana a la vuelta de la esquina, basta con que cambiemos nuestra forma de pensar, sentir o actuar.[66] El defecto inherente en todo esto es el proceso de individualización que mencionábamos más arriba. Esta industria necesariamente resta importancia al entorno y la situación del individuo y en lugar de ello afirma que «¡la felicidad es una elección!», con lo que nos hacen a todos personalmente responsables de tomar las decisiones adecuadas si queremos ser felices. Como muy pocos de nosotros, si es que hay alguno, podemos realmente limitarnos a «elegir» ser felices, esto desencadena un sentido de la inadecuación y una necesidad aún mayor de los servicios proporcionados por la industria de la felicidad, que se convierte en un sistema autosostenible y en crecimiento constante. Desde esta perspectiva crítica, el problema no es tanto que no seamos felices siempre, algo que probablemente solo sea una realidad inevitable de la vida, sino que pensemos que debemos ser felices todo el tiempo y persigamos constantemente ideas y conceptos nuevos para que nos hagan más y más felices. Puede que incluso logremos cierto grado de felicidad momentánea, pero es increíble lo pronto que nos acostumbramos a dicha felicidad y anhelamos más.

La ciencia de la psicología describe este fenómeno como «adaptación hedonista» o, más gráficamente, «cinta de correr hedonista». Se puede definir formalmente y en general como una adaptación a estímulos afectivamente relevantes.[67] En otras palabras, nos acostumbramos tanto a lo bueno como a lo malo, y gradualmente los dejamos de considerar particularmente buenos o malos. Volvemos a nuestro punto de partida respecto a la forma de ver el mundo. Nuestra capacidad de acostumbrarnos a ciertos estímulos probablemente sea un rasgo general de nuestra composición fisiológica y psicológica. Por ejemplo, cuando pasamos de estar bajo la luz del sol a una habitación oscura, nuestros ojos tardan un tiempo en acostumbrarse al nuevo nivel de iluminación. Al rato, los ojos se han ajustado, pero solo hasta el punto de que vemos con la misma claridad que cuando estábamos a la luz. Dicho de otro modo, hay una especie de base a la que nuestros cuerpos tienden a volver después de la adaptación. La palabra *hedonista* procede de la palabra griega para «placer» o «disfrute». Por lo tanto, la adaptación hedonista es la tendencia de que nuestro nivel de deseo o felicidad vuelva a una base después de un cambio. Estos cambios pueden ser positivos (por ejemplo, ganar la lotería) o negativos (un fallecimiento). De nuevo, hablamos de correlaciones estadísticas, con todo tipo de excepciones individuales, pero en general las personas parecen tener una base de felicidad que solo se altera temporalmente por cambios

LA ALEGRÍA DE PERDERSE COSAS

positivos y negativos. Algunos estudios famosos muestran que los grandes ganadores de la lotería solo logran ganancias mínimas en las escalas de felicidad de los psicólogos. Un resultado similar se observó en Japón, cuando la riqueza de sus habitantes se quintuplicó durante el periodo 1958- 87, pero no hubo un impacto duradero en la percepción subjetiva de la felicidad y la satisfacción.[68] Eso es lo que la teoría de la adaptación hedonista quiere describir.

Por supuesto, es perfectamente aceptable cuestionar el concepto de felicidad incluido en la teoría de la adaptación hedonista. Es monstruosamente primitivo y a menudo se cuantifica simplemente pidiendo al individuo que puntúe su bienestar subjetivo: «En una escala de 1 a 10, ¿hasta qué punto está satisfecho con su vida en este momento?». Sin embargo, estudios como este probablemente nos dicen algo y, a primera vista, la teoría de la adaptación hedonista parece ser una buena noticia. Significa que si pasa algo malo, existe una alta probabilidad de que pronto vuelvas a tu nivel previo de bienestar subjetivo. Por desgracia, también tiene un lado más siniestro. El aspecto de «cinta de correr» del concepto sugiere que las experiencias positivas solo producen una felicidad temporal, y que la única forma de seguir disfrutando de los puntos álgidos es seguir corriendo en la cinta. Todos sabemos lo que se siente. Ahorramos para comprar algo nuevo que queremos de verdad, pasamos mucho tiempo deseando tenerlo y leyendo opiniones en internet, y estamos encantados cuando el objeto codiciado llega, pero al poco tiempo, empezamos a desear otra novedad, diferente y mejor. Para algunas personas, cambiarse de casa es un proyecto de por vida, en el que nunca están realmente felices donde están. Otras personas, en general, ven que la alegría de la conquista (del trabajo o la pareja adecuados) es tan efímera que al poco tiempo se reembarcan en la búsqueda de algo o alguien nuevo y mejor. La cinta de correr de la felicidad puede ser interminable, y podemos encontrarnos corriendo cada vez más rápido todo el tiempo, como una persona adicta a las drogas que aumenta constantemente la dosis para colocarse.

La idea de que los deseos y las necesidades humanos son insaciables es una de las más antiguas de la filosofía y la historia de la ciencia. Sócrates describe el problema en el diálogo *Gorgias*, de Platón:

> La parte del alma que es el asiento de los deseos es propensa a ser zarandeada por las palabras y a ser llevada de un lado a otro. Y una persona ingeniosa, probablemente un hombre de espíritu siciliano o italiano, jugando con las palabras, inventó una historia en la que llamó al alma «tonel» [...] y a los ignorantes los llamó profanos, no iniciados. Comparaba la parte del alma de estos insensatos en la que residen las pasiones, siempre que el alma es intemperante y no se contiene en nada, a un tonel agujereado a causa de su insaciable avidez.[69]

Sócrates compara el deseo humano con un tonel agujereado: no importa cuánto lo llenemos, el agua vuelve a salir, solo deja un vacío y desea más. Como mínimo, es lo que sucede al «ignorante», tal como dice Sócrates. Desde que los filósofos han sido conscientes de la cinta de correr o el tonel agujereado, han intentado transformar cómo nos relacionamos con nuestros deseos mediante el pensamiento racional. Esto sucedía en casi todas las escuelas antiguas de filosofía, pero la más conocida probablemente sea el estoicismo. Los estoicos eran una escuela de filosofía de la Antigua Grecia y, posteriormente, de Roma. No presentaré su pensamiento con gran detalle aquí (para ver más sobre el estoicismo, consulta *Sé tú mismo*). Basta decir que, a diferencia de las técnicas de felicidad modernas, que se suelen centrar en la visualización positiva (¡Imagina las cosas fantásticas que lograrás!) y en una expansión constante de las posibilidades humanas, el estoicismo se ocupa más de la visualización negativa (imagina que pierdes lo que tienes) y de reconocer los límites inevitables de la vida, con la muerte como último horizonte *memento mori*, «recuerda que vas a morir», era una advertencia estoica básica. Los principios del estoicismo se resumen claramente en la conocida oración de la serenidad cristiana: «Señor, concédeme serenidad para aceptar todo aquello que no puedo cambiar, valor para cambiar lo que soy capaz de cambiar y sabiduría para entender la diferencia». El quid de la cuestión es que, según el estoicismo, hay cosas que no podemos cambiar, por eso es importante aprender a vivir con ellas en lugar de empezar una persecución interminable de maneras de optimizar el yo.

Los estoicos forman parte de una tradición filosófica que se originó con Platón y Aristóteles que valora los límites y no su ausencia. Es una perspectiva que podría ayudarnos a bajar de la cinta de correr hedonista infundiéndonos una gratitud elemental por lo que tenemos, en vez de fustigarnos para que sigamos adelante en una sucesión infinita de nuevas conquistas en cuanto nos acostumbramos a lo que tenemos. Puede que no impregne nuestras vidas de una felicidad constante, orgiástica (algo que, de todas formas, probablemente sea ilusorio), pero que quizá nos ayude a romper el anhelo de algo más grande, mejor, más caro, que sea más. Vale la pena señalar que hay muchas personas en el mundo que tienen un deseo completamente legítimo de «más». Es importante que evitemos caer en la trampa elitista de la que he hablado anteriormente en el libro. Es obvio que está bien que una persona de Kenia que ha pasado años recorriendo varios kilómetros a pie para ir a trabajar quiera una bicicleta para mejorar su calidad de vida. Pero tal vez sea un poco excesivo para un danés materialmente rico como yo soñar con tener una tercera bicicleta de carreras, después de haberme acostumbrado a las que tengo de verano y de invierno. Pero es que necesito sin duda una tercera bici de carreras, ¿verdad? Desde la perspectiva de los estoicos, no es inapropiado en sí tener deseos y sueños, pero ellos insistirían en que tenemos el deber de considerar su valor ético. No se trata de que aprendamos a perdernos cosas para demostrar que tenemos un nivel particularmente fuerte de autocontrol.

No, la cuestión es que tengamos la capacidad de perder lo que suponga una amenaza para nuestra fortaleza moral y nuestra integridad psicológica, como la búsqueda constante de experiencias, relaciones y objetos nuevos que proporcionen un subidón pasajero de felicidad mientras seguimos avanzando a paso lento pero constante en la cinta de correr hedonista.

El pesimismo defensivo y el pensamiento positivo

Es un misterio por qué los daneses lideran repetidamente los rankings internacionales de felicidad (cuantificada, una vez más, a partir de una sencilla pregunta sobre la satisfacción subjetiva), pero una razón posible es que tengamos expectativas relativamente bajas sobre la vida. Claro que el alto nivel de igualdad, Estado del bienestar y confianza interpersonal de Dinamarca tiene mucho que ver con ello, pero quizá también se deba a las bajas expectativas. Tal vez sea solo una especulación, pero una cultura de *Jantelov* (la ley de Jante, basada en el síndrome «¿quién te crees que eres?», que dicta que nunca debes pensar que eres superior a los demás y que el éxito es un tanto vulgar) y expectativas bajas quizá acostumbren a los daneses a la decepción y el fracaso, porque estamos preparados psicológicamente para resultados negativos. Quizá hayamos engendrado una forma de estoicismo cultural en la que nos gusta imaginar que todo irá mal para que sea más fácil enfrentarse a situaciones adversas cuando surjan de verdad. En terminología psicológica, esta estrategia se denomina «pesimismo defensivo»: imaginar lo peor para prepararse para la adversidad y la decepción. Se suele pensar que esta estrategia puede reducir la ansiedad. Una investigadora de esta teoría incluso ha escrito un libro de autoayuda titulado *El poder positivo del pensamiento negativo*.[70]

El título es un guiño al que escribió el clérigo Norman Vincent Peale, *El poder del pensamiento positivo* (1952), quizá el libro de autoayuda más famoso de la historia, que recientemente ha cobrado gran actualidad. Gran parte de la visión mundial del hombre más poderoso del planeta, Donald Trump, está tomado de Peale, que estaba asignado a la Iglesia Marble Collegiate de Manhattan, a la que iba la familia Trump cuando Donald era un niño.[71] Posteriormente, Peale ofició la boda de Trump y su primera mujer, y el presidente a menudo ha hecho comentarios positivos sobre él («Era el mejor», «Podías escucharlo todo el día»). Peale murió en 1993, a los noventa y cinco años, pero su mensaje continúa vivo. Su libro, del que se han vendido millones de ejemplares, equivale al evangelio de la autoayuda y ha dejado una impresión duradera en nuestro autoconocimiento, incluso para quienes no lo hemos leído. Los capítulos llevan títulos como «Cree en ti», «Cómo crear tu propia felicidad», «Cómo tener energía constante» y «La entrada de pensamientos nuevos te puede rehacer». La idea básica que desde entonces se ha repetido en innumerables libros de autoayuda y cursos de desarrollo personal es que si pensamos positivamente y con optimismo podemos lograr casi cualquier cosa. Los hechos no son tan importantes como nuestra actitud ante ellos y esa actitud debe ser positiva. Hay un capítulo que se titula «No creo en la derrota». Trump ha adoptado esta frase y por lo visto es incapaz de imaginarse que pierde. Por ejemplo, durante la campaña para las elecciones presidenciales de 2016 se negó a garantizar que aceptaría la derrota ante Hillary Clinton, lo que reflejaba una catastrófica falta de fe en el proceso y las instituciones democráticos (algunos dirían que también indicaba un nivel igual de desastroso de confianza en sí mismo).

Con todas sus exageraciones y su inquebrantable fe en sí mismo, Trump es la personificación del pensamiento positivo y de lo que parece un deseo insaciable de más poder, más dinero y más exposición. Sin embargo, es evidente que su tipo de pensamiento positivo no es positivo cuando se refiere a sus adversarios, a los que menosprecia e insulta sistemáticamente. Todo gira en torno a él. Por ejemplo, afirmó falsamente que la multitud de su toma de posesión fue enorme (dijo que eran un millón y medio de personas), y daba la bienvenida mecánicamente a «miles de personas» en sus mítines de campaña, cuando había muchas menos en realidad, y a algunas les habían pagado para asistir. El pensamiento positivo ha enseñado a Trump que la mente, a través de la positividad, puede crear su propia realidad. Si repites «hechos alternativos» con suficiente frecuencia, la realidad cambiará a tu favor (o, al menos, conseguirás que la gente te crea). Esto es el polo opuesto al valor de las expectativas bajas, la visualización negativa y el pesimismo defensivo. A partir del análisis de este libro, yo sostendría que Trump es el producto de una cultura que no conoce límites, que corre el riesgo de crear personas sin sensibilidad por el arte de perderse cosas. Él es el símbolo de la mentalidad que lo quiere todo, ¡y lo quiere ya!

La tiranía de la elección en un mundo de distracciones

El psicólogo Barry Schwartz es uno de los mayores referentes respecto a lo que significa la elección para las personas. Su investigación aparece resumida en su libro *Por qué más es menos. La tiranía de la abundancia.*[72] La paradoja estriba en el hecho de que aunque suene bien contar con más opciones, enseguida queda claro que esta oferta tiene consecuencias negativas. En el libro, Schwartz describe vívidamente el paisaje cultural de invitaciones a consumir en el que vivimos hoy en día. Cuenta una serie de anécdotas personales sobre su deseo superficial de comprar cereales para el desayuno o unos pantalones que en seguida se convierte en un eslalon sin aliento a través de todo tipo de elecciones posibles. Muchos de nosotros hemos intentado pedir un café en una cafetería y nos hemos enfrentado a una gran cantidad de opciones, todas ellas con nombres italianos poco familiares. Evidentemente, Schwartz no niega que disponer de opciones es bueno. Pero presenta una amplia investigación para demostrar que no siempre la multiplicación de opciones es lo mejor. De hecho, él cree que disponer de una mayor cantidad de alternativas es un factor que contribuye a la epidemia de depresión y desórdenes afines en el mundo occidental. Según Schwartz, el problema es que el énfasis moderno en el individualismo, el control y la elección nos puede privar de nuestra vacuna principal contra la depresión: nuestro sentido de pertenencia y nuestra implicación en grupos y contextos. Resulta demasiado fácil acabar sufriendo de ansiedad por el estatus y trabajar hasta la extenuación a fin de ganar el dinero suficiente para comprar los bienes de consumo «adecuados», es decir, los que la cultura contemporánea considera deseables. Está claro que el fenómeno de la depresión es un problema complejo cuya causa es multifactorial, pero quizá la «tiranía de la elección», como la describe Schwartz, sea un factor importante, sobre todo cuando va unida a la responsabilidad personal, que dicta que solo podemos culparnos a nosotros mismos cuando tomamos la decisión equivocada. Nos hemos acostumbrado a creer que la vida consiste en hacer realidad nuestras preferencias individuales rompiendo grilletes. En cambio, para Schwartz, los factores principales que impulsan la felicidad son relaciones sociales estrechas y colectivos que nos unan de verdad. La felicidad no radica en no tener lazos con nadie, sino en tener los lazos adecuados, tal como afirmo en *Standpoints*. Schwartz ofrece un apoyo científico para esta perspectiva.

Pero tengo una crítica que hacer a su libro. Schwartz da por sentado que vivimos en un mundo de posibilidades ilimitadas y, después, plantea cómo sobrevivir en él. Sin embargo, es una premisa falsa sostener que tenemos posibilidades ilimitadas. Nadie las tiene, y es evidente también que algunas personas tienen más opciones que otras. Incluso en una sociedad relativamente igualitaria como la danesa, la desigualdad social y económica se reproduce a través de las normas sociales y el sistema educativo. Afirmar que todo el mundo tiene posibilidades ilimitadas es perpetuar un constructo ideológico desprovisto de apoyo empírico y solo sirve para culpar a las víctimas de las políticas que crean desigualdad. Sin embargo, incluso si alguien tuviera realmente acceso a posibilidades ilimitadas, Schwartz está en lo cierto cuando afirma que sería una situación bastante trágica. La idea misma de que haya muchas oportunidades puede ser una influencia destructiva, y esto parece respaldado por la extensa literatura científica documentada en su libro.

Schwartz también quiere ayudar al lector a optar por no participar, y aquí es donde este libro es particularmente relevante para el tema de perderse cosas. El autor presenta cinco recomendaciones:

(1) *Estaríamos mejor si aceptáramos ciertos límites voluntarios en nuestra libertad de elección en lugar de rebelarnos contra ellos.* Esto requiere hacer las paces conscientemente con nuestra vida. Mi sugerencia del capítulo siguiente es

que abordemos este acto como un proyecto estético, un arte de la vida.

(2) *Estaríamos mejor buscando lo que es «suficientemente bueno» en vez de buscando lo mejor.* Si siempre queremos lo mejor, casi nunca tendremos razones para estar satisfechos. Schwartz recomienda que practiquemos ser «satisfactores», es decir, individuos que están satisfechos con lo que es suficientemente bueno, en vez de «maximizadores», que solo lo están con lo mejor. Afirma que los maximizadores suelen ser más susceptibles a la depresión.

(3) *Estaríamos mejor si redujéramos nuestras expectativas sobre los resultados de nuestras decisiones.* Cuanto más experimentamos ser dueños de nuestro propio destino, más esperamos convertir en realidad nuestros deseos. Es un círculo vicioso. En la mayoría de los casos tenemos menos control sobre nuestra vida de lo que nos gusta pensar.

(4) *Estaríamos mejor si las decisiones que tomamos fueran irreversibles.* De ser así, no daríamos vueltas constantemente a si hemos hecho lo correcto.

(5) *Estaríamos mejor si prestáramos menos atención a lo que hacen los que nos rodean.* Esto es extremadamente difícil para los seres humanos. Somos animales sociales y nos comparamos constantemente con los demás.

El argumento básico de Schwartz es que la maximización puede arruinar vidas. Él recomienda que aprendamos a conformarnos, a contentarnos con menos de lo que teóricamente podríamos haber tenido, pero el ideal de una libertad de elección casi ilimitada sistematicamente contradice esto.

Una cosa es la libertad de elección que ofrece una sociedad de consumo tentadora y otra las distracciones reales que nos proponen las nuevas tecnologías digitales. El psicólogo Adam Alter, de la Universidad de Nueva York, ha escrito un libro sobre este tema que invita a la reflexión.[73] Alter detalla el paisaje de tentaciones constantes en el que habitan y viven los humanos modernos. Muchos de nosotros tenemos tabletas y teléfonos inteligentes que nos posibilitan acceder a una cantidad de información infinita donde sea y cuando sea. Los servicios de *streaming* nos posibilitan ver casi cualquier cosa donde sea y cuando sea. Tenemos préstamos a corto plazo, tarjetas de crédito y una industria publicitaria que nos anima a comprar y consumir, en todo lugar y a toda hora. Es demasiado fácil perderse en el *feed* de Facebook, porque se diseña para que sea algo infinito. Mientras vas bajando para ver unas cuantas publicaciones, se van añadiendo nuevas actualizaciones constantemente en la parte superior del hilo. Lo mismo sucede con las series de TV que vemos haciendo maratones: tenemos que hacer un esfuerzo activo para apagar la máquina, de lo contrario, el siguiente episodio empieza automáticamente. Estas series están escritas con habilidad y normalmente culminan con una situación tensa que nos mantiene enganchados un episodio más. Personalmente, me provoca un gran placer y frustración el juego de ordenador *Civilization*, cuyo eslogan es «Solo una partida más». Me parece casi imposible parar después de haber empezado a jugar.

Precisamente esta combinación de disfrute y frustración caracteriza a la ecología digital que hemos creado para nosotros mismos. Es emocionante y placentero estar al día del contenido que publican nuestros familiares, amigos y conocidos. Como seres hipersociales, estamos programados para que esto nos interese. Nuestras series de televisión preferidas proporcionan una medida de satisfacción estética a través de argumentos cautivadores e imágenes bonitas. La mayoría de nosotros ya no pasamos nuestras horas despiertos rodeados de bosques y campos, sino de tentadoras pantallas y aplicaciones. Según algunos estudios, pasamos más tiempo mirando pantallas que durmiendo. Alter afirma que nuestro nicho ecodigital causa problemas enormes de adicción: adicción a la tecnología, las aplicaciones, los juegos y las series. En *Irresistible*, hace hincapié en la otra cara de una cultura que invita constantemente al individuo a experimentar y consumir haciendo clic, desplazándose, comprobando y viendo. El problema no radica solo en la dependencia. También corremos el riesgo de perder habilidades importantes que adquirimos a través de la cercanía física con los demás y de prestarles atención, sobre todo la capacidad de sumergirnos socialmente y empatizar con los demás. Una consecuencia de esta tendencia es que desintoxicarse voluntariamente de la cultura digital se ha convertido en un lujo deseable. Las personas que se lo pueden permitir pagan mucho dinero para irse a retiros en los que está prohibida la tecnología digital (por ejemplo, en monasterios o haciendo excursiones en la naturaleza), o mandan a sus hijos a escuelas elitistas en las que los profesores trabajan con pizarras y tiza, no con heréticos iPads. Vale la pena señalar que el fundador de Apple, Steve Jobs, supuestamente se negaba a dejar que sus propios hijos usaran el iPad que nos vendía alegremente a los demás.

¿Cuál es la solución? ¿Construir paisajes culturales, en casa, en los colegios y en los lugares de trabajo, con menos de estas invitaciones constantes? Por supuesto, podemos hacer algo al respecto a título personal (dejar de cargar los teléfonos inteligentes en la mesilla de noche, dejar de usar los dispositivos hasta la madrugada, apagar las notificaciones, etc., porque está bien documentado que todo eso altera nuestro sueño). Las familias deberían reflexionar sobre las tentaciones que representan todas esas pantallas y poner normas sobre el uso de dispositivos si fuera necesario. Pero también tenemos que hacer algo a escala organizativa, tanto en el lugar de trabajo (por ejemplo, introduciendo una política de correo electrónico que limite el número de mensajes al día y cuándo se pueden enviar) y en instituciones educativas, donde deberíamos, de forma urgente, eliminar la fascinación por la digitalización que se ha afianzado, en la que la idea predominante parece ser que toda la enseñanza debería impartirse a través de tabletas y ordenadores portátiles. Hoy en día existen estudios bastante extensos que sugieren que la adquisición de conocimiento a través de libros físicos tiene una ventaja clara respecto al uso de pantallas, que hacen que sea más difícil conseguir concentración y una lectura atenta.[74] Por supuesto, podríamos limitarnos a sentarnos, practicar autocontrol y no comernos la nube de azúcar, pero mientras vivamos en un paisaje de tentaciones, esta lucha está condenada al fracaso. Debemos cultivar un paisaje distinto. Y ese es el tema del siguiente y último capítulo de este libro.

5

LA ALEGRÍA DE PERDERSE COSAS

En los capítulos anteriores se han esbozado cuatro tipo de argumentos desde distintas perspectivas (política, existencialista, ética y psicológica) que ejemplifican y justifican el arte de perderse cosas. Espero que alguno de ellos haya sido convincente. Si has aceptado su validez, aprender a «perderte cosas» debería estar políticamente justificado, ser existencialmente importante, éticamente bueno y psicológicamente sabio. Sin embargo, no todos los argumentos son necesariamente prácticos o atractivos. En su lugar, se ha hecho hincapié en la virtud y la necesidad de la frugalidad, la privación y la moderación (por utilizar términos negativos), y de la concentración, el carácter y la persistencia (por utilizar términos más positivos). Algunos podrán pensar que esto suena a una forma de vida triste y gris. ¿Qué hay del placer y el disfrute? ¿Qué pasa con la dimensión estética de la vida? Es el tema de este capítulo final en el que sostendré que perderse cosas puede ser una fuente de profundo placer. El título, «La alegría de perderse cosas» (o *The Joy of Missing Out*, JOMO, en inglés), es un contraste deliberado respecto a la mentalidad desesperada del FOMO (el miedo a perderse cosas) de hoy en día. No deberíamos tener miedo a perdernos nada, sino que tendríamos que disfrutar de la simplicidad y el enfoque que una buena vida humana nos brinda. Sin importar lo que hagamos, siempre nos perderemos algo, así que intentar hacerlo todo es una idea descabellada. Y reconocerlo es practicar JOMO en vez de FOMO.

La belleza de la simplicidad

En términos generales, la mayoría de la gente comprende la belleza de abandonar lo intricado y complejo y concentrarse en lo simple. Es raro que un fenómeno sea más bello si aumentamos su complicación. Un haiku de diecisiete sílabas, que sigue un patrón estricto, puede ser igual de conmovedor que cualquier poema largo de sintaxis complicada. Una melodía simple, cantada por una voz bella con un acompañamiento sencillo, puede ser tan emocionante como una composición compleja. En ciencia, está demostrado que el atractivo estético de las teorías y pruebas más simples y más armoniosas tiene un papel primordial. Un ejemplo famoso es la hélice del ADN, que Francis Crick, que ayudó a descubrirla, denominó «una molécula con estilo». Existen numerosas pruebas que demuestran que la bella representación gráfica de la estructura relativamente simple del ADN propiciaba la difusión y el atractivo general de la teoría.

El arte y la ciencia no mejoran cuando son complicados innecesariamente, aunque a veces se precise un nivel relativamente alto de complejidad para decir algo con la exactitud que el tema demanda. Es el material o el objeto en sí lo que determina el nivel de complejidad y el alcance de la precisión. En matemáticas se puede lograr un nivel de perfección y precisión que no es posible en ética ni psicología, ya que las segundas tratan con fenómenos mucho más complejos y desestructurados. Aristóteles sostenía que un signo de un intelecto maduro es no exigir mayor precisión de lo que la materia es capaz de proporcionar. Expresar un concepto con la máxima simplicidad y precisión es lo ideal, pero aprender a dar con el tono y el nivel adecuados no es fácil y requiere mucha experiencia. En las áreas científicas en las que trabajo, es evidente que la capacidad para comunicarse de una forma simple y precisa parece crecer con la experiencia y el conocimiento. Los estudiantes que escriben sus primeros trabajos en la universidad tenderán a usar un estilo difícil y «académico», mientras que los profesores de más edad y experiencia, en muchos casos (¡aunque no todos!), encuentran una forma de escribir más ligera y elegante. Transmitir material difícil de una forma simple y comprensible es un arte.

Tanto en el arte como en la ciencia, una estética de la simplicidad facilita la comunicación precisa de mensajes. Ambos son bastante sistemáticos. Aunque muchas personas crean que, por definición, el arte es intuitivo y salvaje y solo la ciencia es metodológicamente rigurosa, hay muchas pruebas (incluso de artistas que hablan de sus propias prácticas) que sugieren que el arte a menudo se crea de forma metódica y sistemática, y que los marcos y las formas permiten que fluya la creatividad.[75] En vez de ser liberadora, la libertad sin límites es casi paralizante, porque sin marcos acabamos en un vacío en el que nuestras acciones no obtienen ninguna respuesta. Tal como ha afirmado el poeta y cineasta danés Jørgen Leth en muchas ocasiones, incluida una conversación que tuve con él en 2016,[76] «las reglas del juego» son un requisito previo para que haya libertad artística. Estas reglas proporcionan una forma o estructura sólida que permite al artista usar los «dones de la casualidad», para usar la expresión de Leth, y en la que una parte del mundo se puede exhibir de una forma que no es caótica. Para crear belleza, el artista debe limitarse. Leth expresa esta filosofía en principios como «La vida es interesante. Queremos estudiarla», y «No sé nada, ¡pero quiero saber!».[77] Desde la perspectiva de Leth, el artista estudia el mundo. El arte no es solo un flujo de emoción subjetiva, sino también un intento de explorar y comprender los fenómenos de la vida. En cierto sentido, aunque lo aborden de forma distinta, tanto el artista como el científico están intentando lograr casi lo mismo. El propio Leth se adhiere al método de estudio iniciado por Bronisław Malinowski, que fue uno de los primeros antropólogos que fue a vivir entre las personas a las que quería comprender. A partir de ese enfoque, Leth formuló cuatro pasos para su práctica artística: ¡encontrar un área, delinearla, inspeccionarla y escribirla!

Si este enfoque es válido, entonces, los procesos de selección y delimitación son prerrequisitos para la práctica artística enfocada. Debemos optar por no participar (perdernos la mayoría de las cosas) para ser capaces de ver algo. Y lo que se aplica a las artes es extrapolable a la vida en general. Igual que la vida se puede considerar un proyecto de investigación científica en el que estudiamos el mundo y aprendemos, también puede ser considerada un proyecto artístico. El filósofo e historiador francés Michel Foucault lo denominó «la estética de la existencia»,[78] y se refería a recuperar el concepto de la filosofía antigua del arte de la vida, representado por la trinidad de lo verdadero, lo bello y lo bueno. Foucault nos invitó a considerar la vida como una obra de arte. Por un lado, esto se podría considerar una estetización arriesgada e irresponsable, si se hace sin prestar atención a nuestras obligaciones con los demás. Pero, por otro lado, se podría considerar un reflejo de la «voluntad de formar» de Løgstrup, que está íntimamente relacionada con la posibilidad de llevar una vida ética. Desde esta perspectiva, lo estético, entendido correctamente (es decir, como un arte de vida en el que la propia vida se convierte en una obra de arte), es un requisito previo para lo ético y no un obstáculo. Sin una forma de vida (estética) es imposible hacer realidad nuestras obligaciones (éticas). Sin restricciones no hay responsabilidad. Sin reglas no hay juegos, porque en un mundo sin límites, los fuertes siempre se saldrán con la suya.

Disciplinar *la voluntad*

Entonces, ¿cómo otorgamos forma a la vida? Esta pregunta se encuentra detrás de todas las reflexiones políticas, existenciales, éticas y psicológicas de este libro. Ya nos hemos familiarizado con muchas clases de preguntas, pero es razonable clasificarlas en dos categorías generales. La primera es cómo disciplinar la voluntad y la segunda se ocupa de las relaciones y los contextos en los que viven la personas. Podríamos decir que la primera busca dar forma a la vida «directamente» a través de actos de voluntad, mientras que la segunda lo haría de manera más «indirecta», a través de nuestro entorno. Empecemos mirando primero las influencias directas. En el capítulo anterior vimos al psicólogo Barry Schwartz, que describió y problematizó «la tiranía de elección» en la sociedad moderna. Afirma que alabamos nuestra libertad de elección casi ilimitada como si fuera algo bueno en sí mismo, sin tener en cuenta los elementos entre los que se elige. Evidentemente, esto es absurdo, porque cualquier persona racional preferiría escoger entre dos cosas buenas que entre mil malas. Sin embargo, bajo esas circunstancias, ¿cómo decidimos qué no escoger? ¿Cómo disciplinamos a la voluntad para que nos ayude a dominar el arte del autocontrol? En el mejor espíritu de la autoayuda, Schwartz ofrece muchos consejos sobre cómo responder estas cuestiones. Yo solo presentaré una selección, que me he permitido parafrasear y ampliar un poco:[79]

• *Decide cuándo elegir*: No hagas que todo en la vida sea una situación en la que tienes que elegir. Sería agotador desde el punto de vista mental. En la mayoría de las situaciones, deberías recurrir a hábitos y rutinas. No hay nada malo en actuar de una forma rutinaria. Una vida sin hábitos ni rutina sería insoportable.

• *Convéncete de que la idea de que «solo lo mejor es suficientemente bueno» no tiene sentido*: Cuando algo es suficientemente bueno, lo es. Si siempre estás persiguiendo lo mejor, la felicidad se te escapará. De hecho, la propia idea de «lo mejor» a menudo conduce a la desesperación, porque sea lo que sea que se considere lo mejor un año puede estar completamente pasado de moda al siguiente. Si solo lo mejor es suficientemente bueno, entonces nada es particularmente bueno.

• *Haz que tus decisiones sean irreversibles*: «Angustiarte por si tu amor es "el verdadero" o si tu relación sexual está por encima o por debajo de lo normal, y preguntarte si podrías haber conseguido algo mejor es una receta para el sufrimiento», escribe Schwartz.[80] Muchas decisiones no deberían revertirse (aunque tengamos la oportunidad de hacerlo) sobre todo cuando implican obligaciones que afectan a nuestras relaciones con otras personas.

• *Practica la gratitud*: Es más fácil decirlo que hacerlo, pero es importante. ¿Quizá lo que pensaba Kierkegaard sobre el lirio y el ave podría servir de inspiración? ¿O Gelsted, con su poema sobre los árboles? Hay muchos ejemplos de elogios estéticos al arte del autocontrol.

• *Prepárate para engancharte*: Incluso el conocimiento más superficial del concepto de la cinta de correr hedonista comentado en el capítulo anterior debería hacer que fueras más realista sobre las ventajas de conseguir lo que quieres. El concepto de la cinta de correr refleja la idea de que volveremos a un «nivel de felicidad» concreto poco después de que haya ocurrido algún evento muy deseable. Reconocer esto nos permite protegernos a nosotros mismos de la desilusión cuando descubrimos que comprar un coche concreto o enamorarnos de alguien nuevo no nos produce la sensación de felicidad profunda y duradera que esperábamos.

• *Resiste las ganas de hacer comparaciones*: Es muy posible que a los seres humanos les resulte difícil no compararse con los demás, pero ser consciente de esta tendencia al menos puede ayudarte a mantenerla a raya. Sí, el césped siempre parece más verde al otro lado de la valla. Pero quizá deberías cortar el césped y jugar con los niños en vez de pasar el rato mirando el jardín del vecino. Cuestiona el esnobismo que proclama que solo ciertas cosas o ideas son lo bastante buenas o merecen la pena. Confieso que me encanta el helado de *nougat* más barato de nuestro supermercado local y que una de las mejores «comidas» de mi vida fue una sencilla *focaccia* de un 7-Eleven que comí en una parada de autobús una noche mientras volvía a casa después de una fiesta. Tenía la mezcla perfecta de grasa, sal y umami que mi cuerpo necesitaba a esa hora y en ese lugar. ¡Realmente, menos puede ser más!

• *Aprende a vivir con limitaciones*: Por supuesto, se trata del punto central de este libro. También del punto final del libro de Schwartz, que refleja su gran fe en la capacidad de los seres humanos de disciplinarse a sí mismos. Sin embargo, la idea de que deberíamos utilizar nuestra voluntad para querer menos es casi una paradoja. Ingeniárselas con menos requiere una voluntad fuerte y eso nos da una pista sobre el talón de Aquiles del «método directo»: ¿Es realmente posible «trabajar en uno mismo» y en la propia voluntad hasta construir el suficiente autocontrol para perderse cosas en un mundo tentador, apetecible e ilimitado? Pocas personas son capaces de hacerlo. Quién sabe, quizá incluso se beneficien al leer libros de autoayuda sobre el tema. Sin embargo, para la mayoría de nosotros, un método «indirecto» sería más beneficioso. Con esto me refiero a un enfoque que no se centre en la voluntad como un fenómeno psicológico interno, sino en el paisaje cultural de instituciones, sistemas, organizaciones, tecnologías, hogares y familias de nuestro entorno. Teniendo esto en cuenta, abordemos ahora la forma que adoptan estos marcos en nuestra vida.

La creación de un paisaje cultural estético a través de rituales

¿Cómo podemos cultivar un paisaje para la vida humana que haga más fácil centrarse en lo que importa y perderse lo que no es importante? Como hemos dicho, la estética podría ayudar, y la estética de la vida social a menudo se refleja en los rituales. La antropóloga Mary Douglas describe los rituales como regulaciones de relaciones sociales que permiten que las personas conozcan a su propia comunidad.[81] Estas regulaciones tienen una dimensión estética importante ya que los rituales (por ejemplo, en la iglesia, en las bodas o en la apertura del Parlamento) suelen ser conmovedores y nos recuerdan el tipo de sociedad en la que vivimos. Según Douglas, los rituales sostienen a la sociedad. Una sociedad sin ellos no es una sociedad propiamente dicha, o más bien es una sociedad que a su gente le cuesta entender. Los rituales dan forma a la vida social. Desde esta perspectiva, la desritualización de la sociedad moderna en décadas recientes, tal como describen numerosos sociólogos, es algo que lamentar. Algunos han especulado que la desritualización libera al individuo para la autoexpresión creativa, pero resulta difícil imaginar una libertad sin formas de ser libre. Sin rituales, nos arriesgamos a la tiranía sin forma sobre la que nos advertía Løgstrup.

El sociólogo Anthony Giddens describe la sociedad moderna como organizada según «umbrales abiertos de experiencia» en vez de transiciones ritualizadas.[82] En este escenario, la influencia de rituales como puntos externos de referencia se reduce. Supuestamente tomamos la mayoría de las decisiones nosotros mismos. Esto se aplica a muchas transiciones importantes de la vida: el nacimiento, la adolescencia, el matrimonio y la muerte. Evidentemente, todavía hay una serie de rituales para marcar esas transiciones, pero muchos de ellos parecen haber perdido su aura de naturalidad. Están cada vez más caracterizados por un elemento de «diseño» en el que la persona implicada elige si habrá ritual y, en caso positivo, la forma que adoptará. Quizá donde se observe más claramente sea en ritos de paso de la infancia a la adolescencia y la edad adulta (como la confirmación o el *bar mitzvah*), pero también la boda y el parto (por ejemplo, el concepto de «partos a la carta»). El individuo se ha convertido en un consumidor del que se espera que construya una vida a partir de los menús disponibles. En consecuencia, muchas cosas ya no se dan por sentado ni se tratan de forma ritual. La mayoría de los aspectos de la vida se pueden reconsiderar, elegir o no elegir. Para ampliar esta idea, Giddens considera si la ausencia relativa de rituales en contextos sociales contemporáneos elimina una base psicológica importante para la capacidad del individuo de enfrentarse a estas transiciones. Escribe que los ritos de paso tradicionales hacían que «las personas en cuestión se pusieran en contacto con fuerzas cósmicas más amplias, relacionando la vida individual con cuestiones existenciales mayores».[83]

La desritualización de lo social representa una debilitación el vínculo entre los individuos y el marco moral mayor de la vida, a menudo en nombre de la individualización y la autenticidad. Sin embargo, es una estrategia arriesgada, porque todas las sociedades necesitan rituales para que las personas puedan pasar tiempo juntas de formas civilizadas. Los rituales nos permiten interactuar los unos con los otros de una forma fructífera. No es falso ni deshonesto actuar en el espacio público sobre la base de ciertos patrones ritualizados. El filósofo Anthony Holiday se apoya en Douglas cuando afirma que el respeto por los rituales es un valor moral universal.84 Por supuesto, esto no sugiere que todos los rituales tengan valor moral. Significa que en una sociedad sin algún tipo de ritualización, la moral no es posible. De acuerdo con Holiday, solo podemos mantener la integridad moral si aceptamos y respetamos ciertos rituales, incluso el derecho a la libertad de expresión y reunión (derechos civiles). Holiday, que murió en 2006, sabía de lo que hablaba. Como sudafricano, había dedicado gran parte de su vida a luchar contra el ejercicio arbitrario de poder del régimen del *apartheid* y pasó seis años en la cárcel antes de exiliarse en Inglaterra. Se inspiró en la filosofía del lenguaje del filósofo austríaco Ludwig Wittgenstein, según la cual el lenguaje debe ser como lo que él llamaba «una forma de vida». Holiday creía que una forma de vida lingüística cultivada solo es posible si asumimos que se aplican ciertos valores morales universales que incluyen la verdad, la justicia y el respeto por los rituales. Basándose en el análisis de Holiday, no sería posible tener valores morales sin rituales, porque los rituales son requisitos previos para la comunidad lingüística. De nuevo vemos que la forma de vida estética (incluso a nivel colectivo) está íntimamente relacionada con la posibilidad de establecer formas de vida éticas.

Por lo tanto, debemos intentar crear una ecología cultural con rituales estéticamente atractivos que permitan una forma de vida basada en la ética. Dichos rituales se encuentran en distintas medidas en todas las culturas (por ejemplo, la ceremonia del té de Japón, o cantar *Cumpleaños feliz* y soplar velas de un pastel), y se usan para concentrar la atención colectiva en asuntos importantes en ciertas situaciones. Cada individuo puede intentar cultivar su propio pequeño paisaje de rituales diarios para dar forma a su vida, pero esto también se debe hacer a nivel colectivo, donde las personas hacen cosas juntas (sobre todo en el lugar de trabajo y las instituciones educativas). Pensar en términos de paisajes y entornos estéticos, en vez de hacerlo puramente en términos de fuerza de voluntad interior, también puede servir de contrapeso frente al riesgo de dependencia de varias tecnologías, tal como comentamos en el capítulo anterior. A veces la psicología no tiene por qué ser especialmente difícil, por ejemplo, cuando trata de hábitos y fuerza de voluntad. Tal como Adam Alter señala en su libro *Irresistible*, no es de extrañar que sucumbamos a la tentación si nos rodeamos de ella. En cambio, es mucho más fácil encontrar fuerza de voluntad si eliminamos las tentaciones de nuestro entorno. La cuestión es cultivar un paisaje, y esto es también una condición previa para echar raíces, volviendo a la metáfora básica en *Sé tú mismo*. Sin paisajes en los que echar raíces, es difícil evitar el desarraigo. Simone Weil, la filósofa, anarquista y mística francesa, autora de obras como *Echar raíces*, y que murió joven de tuberculosis y hambre durante la Segunda Guerra Mundial, pensaba que echar raíces era la necesidad humana más importante pero menos reconocida.[85] Muchos de nuestros problemas proceden de no tener raíces y de ignorar su importancia. En parte a través de los rituales descubrimos el valor de tener raíces. Pero ¿cómo lo hacemos? Terminaré esbozando algunas propuestas más o menos prácticas para complementar los consejos que hacen foco en disciplinar la voluntad, que hemos señalado arriba:

• Como sociedad, deberíamos admitir que el conocimiento del pasado y el reconocimiento de las tradiciones culturales no impiden la libertad de expresión personal del individuo. Nuestras escuelas y nuestros sistemas educativos no deberían tener miedo a reconstruir y reproducir las experiencias del pasado. Comprender las raíces de la sociedad no es reaccionario, sino un requisito previo para reconocer que la vida se vive en comunidades. Hoy en día, muchas personas depositan sus esperanzas en la innovación y la disrupción, pero si estas prácticas se desarrollan de forma autónoma, la vida no tiene forma ni límites. Para ser capaces de pensar de manera innovadora de forma práctica, primero debemos saber cómo encaja nuestro tiempo y lugar en la perspectiva histórica. Puede que expresemos esto diciendo que el ideal contemporáneo de la persona flexible, innovadora, proactiva y autogestionada, que siempre está dispuesta a cambiar, genera una reticencia innata a «perderse algo».[86] Hace poco leí un artículo de la consultoría Dare Disrupt, en el que el autor señalaba las clases de persona que demandará la sociedad del futuro, para la que tendremos que «formarnos a lo largo de nuestra vida».[87] Él predecía que tendremos que ser programadores, creativos, gestores, cuidadores, emprendedores y artistas. Aparte, quizá, del cuidador, todas estas funciones son creativas, innovadoras y disruptivas, y se basan en la ruptura de fronteras, la innovación, la renovación y el autodesarrollo. Se presta menos atención a la necesidad de repetición y mantenimiento social. El ideal es el artista de la identidad que se reinventa constantemente, que es un emprendedor de su propia vida, siempre lanzando la siguiente *startup* existencial. En cuanto un proyecto está listo para volar, se deja atrás y se toma otro nuevo y diferente.

Puede que haya algunas personas que se aproximen a este ideal, pero para muchos de nosotros resulta problemático. Sin embargo, nos vemos obligados a intentar cumplir esta expectativa en las entrevistas de evaluación, los cursos de desarrollo personal u otros tipos de prácticas de desarrollo. A menudo fracasamos y acabamos estresados y agotados mentalmente; o, frustrados por nuestra impotencia, empezamos a jugar al *bullshit bingo*, repitiendo maquinalmente palabras de moda vaciadas de sentido que usan los gestores, *coaches* o consultores cuando hablan de la demanda de innovación y disrupción.[88]

Si volvemos a la metáfora anterior extraída del mundo del arte, podemos decir que el artista es y debería continuar siendo una excepción. Si todos fuéramos artistas disruptivos todo el tiempo, nada en la sociedad sería coherente. Nadie estaría obligado a hacer algo que no fuera seguir sus caprichos pasajeros. Por suerte, muchas personas, en vez de eso, son curadoras, es decir, son las responsables de organizar exposiciones permanentes basadas en temas unificadores y ayudan a frenar a los artistas díscolos. A pesar del ataque generalizado a los académicos, puede que esta sea su función legítima: producir sistemas justos y equitativos con un grado de estabilidad que ayuden a crear una sociedad transparente para las personas. Mejor aún, algunos actúan de curadores, manteniendo y protegiendo lo que ya existe. Los curadores ayudan a preservar lo que es importante de la amenaza que plantea el énfasis en la disrupción a corto plazo. Se lo deberíamos agradecer. Los curadores y conservadores de la vida (los «mantenedores», como algunos han empezado a llamarlos) deberían estar demandados en los anuncios de empleo y estar bien remunerados por sus esfuerzos. No deberían avergonzarse por no ser artistas o emprendedores. Al contrario, porque la innovación artística, de hecho, solo es posible cuando hay otras personas que crean marcos y los mantienen, en lugar de estar siempre desafiando los límites y rompiendo las cosas. Ser conservador en sí mismo es un arte vital, y habrá una gran necesidad de esta figura en el futuro.

• Ampliando la idea de resucitar al conservador como figura existencial legítima, la sociedad en su conjunto también debería centrarse en una educación ética. Acostumbrarse a perderse cosas presupone una madurez ética que debería alimentarse en las familias y las escuelas. En los contextos educativos, hace tiempo que codiciamos el desarrollo de habilidades y la autooptimización, centrándonos en todo lo que cuantifican los estudios PISA y las pruebas nacionales. Sin embargo, el trabajo más importante del sistema escolar debería ser formar a ciudadanos responsables que sean capaces de preservar y renovar la democracia. Durante demasiado tiempo, las escuelas han funcionado de una forma que satisface la demanda del Estado de la competencia con «oportunistas» que saquen buenas notas en varias pruebas, y debemos trasladar el énfasis para volver a hacer hincapié en la ética y la democracia. Tenemos que enseñar a los ciudadanos del futuro a hacer lo que está bien porque está bien, no por el beneficio que les vaya a reportar. Tenemos que recompensar el hecho de que compartan sus nubes de azúcar y no que las acaparen. Es preciso que comprendamos que este tipo de educación es lo opuesto al oportunismo; se basa en el respeto a las virtudes de la moderación y el autocontrol que son esenciales para hacer frente a las crisis descritas al principio de este libro.

Cabe señalar que este tipo de aprendizaje ético de ningún modo cuestiona el aprendizaje académico. Al contrario, se basa en la idea de que el mundo es mucho más grande que el individuo, algo que se puede comunicar a través de un amplio abanico de disciplinas, desde la historia hasta las matemáticas.

• Más en general, también deberíamos reconocer el papel de la suerte en la vida humana. La idea de que todo el mundo es dueño de su propio destino y de que «podemos ser lo que queramos» porque basta con tener motivación suficiente es problemática porque se basa en una filosofía de optimización y desarrollo sin fin y conduce a un diagnóstico individualista que dice que somos los únicos culpables si las cosas salen mal. En los últimos años, muchos sistemas sociales han hecho que el individuo sea responsable de todo tipo de cosas sobre las cuales no tiene necesariamente el control, como el desempleo, la pobreza, la enfermedad y los problemas sociales, sin tener en cuenta si dichos problemas de hecho están causados por cambios de los sistemas políticos o las tendencias económicas. Sin embargo, si diseñamos sistemas que se basen en mayor medida en la idea de que ningún individuo es dueño de su propio destino, podemos fomentar una mayor solidaridad. Esto incluso podría aumentar la disposición de los más ricos a aceptar tener menos porque un día puedan ser víctimas de la suerte o de la enfermedad y ver que son vulnerables y que necesitan ayuda. Debemos aprender a «perdernos cosas» no como un ejercicio vacío de ascetismo, sino para garantizar que haya suficiente para todo el mundo. Vivo en Dinamarca, que es a la vez una sociedad muy igualitaria y, según los ránquines internacionales, muy feliz. Deberíamos reconocer que la diferencia relativamente pequeña entre arriba y abajo, ricos y pobres, es una razón importante por la que el país se considera uno de los más armoniosos y exitosos del mundo.[89] La igualdad no es un fin en sí mismo, pero ha demostrado ser un bien precioso en un mundo en el que la desigualdad global cada vez está más fuera de control.

• En términos un poco más abstractos, también sería buena idea reflexionar sobre una visión del tiempo más cíclica. El pensamiento sin límites del *más, más y más*, que dicta que no debemos perdernos nada, se asocia con una visión lineal. Nos animan a crecer continuamente en nuestra vida, como parte de un proceso de aprendizaje de por vida. La consecuencia de esto es un requisito de optimización eterna. Dicho de otro modo, el año que viene debemos hacer más que este. Muchos de nosotros estamos atrapados tanto en la rueda del hámster como en la cinta de correr hedonista. Estos resultados se ven claramente en las estadísticas de estrés, depresión y ansiedad. En tiempos pasados, teníamos mayor comprensión de que la vida está entrelazada en contextos más grandes que implican altibajos. Sabemos que «Hay un tiempo para todo», como dice el Eclesiastés. Probablemente deberíamos reconocer de nuevo que la vida no está determinada solamente por la motivación interior del individuo, sino también por elementos externos, por ejemplo, cambios cíclicos y estacionales. El conservador experimentado sabe que lo que está de moda un año puede pasar de moda al siguiente y que algo viejo volverá a llevarse pronto. No deberíamos tener miedo de la repetición ya que, como afirmó Kierkegaard, es la repetición lo que otorga forma a nuestra vida individual y colectiva. Sin repetición cíclica, la vida se disuelve en un «ruido vacío desprovisto de contenido», tal como escribió en *La repetición*.[90] Sin repetición no hay obligación. Repetición es levantarse cada mañana y preparar algo para que los niños se lo coman en el colegio. Repetición es visitar a viejos amigos, aunque estén deprimidos y no resulte muy divertido verlos. De hecho, implica una forma de valentía, la de hacer lo mismo de siempre porque es lo que está bien. Tal como se afirma en este libro, también implica que optemos por no participar, lo que incluye nuevas relaciones potencialmente emocionantes. Si queremos ser amigos de todo el mundo, no podemos tener un amigo realmente. Si queremos hacer algo bien, no podemos hacerlo todos.

A lo largo de este libro he postulado el arte del autocontrol como virtud, y he intentado mostrar que una cultura que no conoce límites no es un terreno fértil para ello. En conclusión, he distinguido entre formas de mostrar moderación y optar por no participar basadas en la propia voluntad del individuo (el método directo), y formas que cultivan de una manera más indirecta los paisajes que dan forma a la vida de las personas. El filósofo Matthew Crawford habla de la necesidad de trabajar juntos para crear «ecologías de atención» si queremos escapar de las distracciones constantes y las necesidades insaciables creadas por la cultura del desarrollo personal ilimitado.[91] Esto se puede hacer a escala individual (cómo organizamos nuestra propia vida), a escala de empresa (en nuestro lugar de trabajo) y a escala social (en relación con nuestras escuelas, sistemas sociales, hospitales y pensiones). La metáfora del paisaje es bastante pertinente. No es simplemente cuestión de tener fuerza de voluntad para bajar de la cinta de correr, sino que también hay que crear una cultura en la que la cinta de correr ni siquiera exista.

Mi teoría es que el mejor modo de hacerlo —a través de rituales y estética— está en un nivel embrionario, en el mejor de los casos, y será imprescindible que haya un debate considerable para desarrollarlo. Sin embargo, creo que dar forma de manera colectiva a nuestras vidas puede poner freno a la cultura sin límites que ha seguido acelerándose durante el último medio siglo, lo que ha resultado en una rápida expansión de síntomas como el estrés y la autorrealización desenfrenada.

Espero que las ideas que contiene este libro inspiren a otras personas a participar en debates constructivos sobre el arte de perderse cosas, y a valorar el concepto de moderación en general. Espero que el libro sea considerado un contrapeso frente a todo tipo de extremismos. Los amantes de las buenas paradojas podrían incluso referirse a él como «sumamente moderado».

NOTAS

INTRODUCCIÓN: TENERLO TODO

1 Consulta Harry Wolcott, *Writing Up Qualitative Research*, 3.ª edición, Sage, 2009.

CAPÍTULO I. LA SOCIEDAD SOSTENIBLE

2 Tal como se analiza en mi libro *Sé tú mismo: La locura de la superación personal*, Ned Ediciones, Barcelona, 2020.

3 Ove Kaj Pedersen, *Konkurrencestaten* [El Estado competitivo], Hans Reitzel, 2011.

4 Jørgen Steen Nielsen, «Velkommen til antropocæn» [Bienvenidos al Antropoceno], *Information*, 27 de junio de 2011, https://www.information.dk/udland/2011/06/velkommen- antropocaen.

5 Elizabeth Kolbert, *La sexta extinción: Una historia nada natural*, Editorial Crítica, Barcelona, 2019. Arne Johan Vetlesen y Rasmus Willig resumen muchos de los problemas más alarmantes en su próximo libro *Hvad skal vi svare?* [¿Cuál es la respuesta?]. Me gustaría agradecer a los autores que me hayan permitido leerlo antes de su publicación.

6 Consulta este artículo, por ejemplo: https://www.theguardian. com/environment/2018/apr/26/were-doomed-mayer-hill man-on-the-climate-reality-no-one-else-will-dare-mention.

7 Jason Hickel, *The Divide: A Brief Guide to Global Inequality and its Solutions*, William Heinesen, 2017.

8 Richard Wilkinson, y Kate Pickett, *Desigualdad: Un análisis de la (in)felicidad colectiva*, Turner, Madrid, 2009.

9 Consulta http://www.oecd.org/social/inequality.htm.

10 Paul Mason, *Postcapitalismo: Hacia un nuevo futuro*, Paidós Ibérica, Barcelona, 2016.

11 *Ibidem.*

12 Hartmut Rosa, *Social Acceleration: A New Theory of Modernity*, Columbia University Press, 2015.

13 Zygmunt Bauman, *Modernidad líquida*, Fondo de Cultura Económica, Madrid, 2003.

14 Cubrí este punto en *Sé tú mismo*.

15 Consulta Anders Petersen, *Præstationssamfundet* [La sociedad del rendimiento], Hans Reitzel, 2016.

16 Por ejemplo, en su clásico *La sociedad del riesgo*, Planeta, Barcelona, 2019.

17 Robert Goodin, *On Settling*, Princeton University Press, 2012.

18 Entre sus defensores estaba el filósofo y jurista del siglo XVII Hugo Grocio.

19 Benjamin Barber, *Consumed: How Markets Corrupt Children, Infantilize Adults, and Swallow Citizens Whole*, Norton, 2007.

20 Hay otros conceptos que parecen haber sustituido a la «vida sencilla», como el movimiento «vida lenta», que se puede considerar una resistencia a la aceleración social identificada por Hartmut Rosa y otros.

21 Jerome Segal, *Graceful Simplicity: The Philosophy and Politics of the Alternative American Dream*, University of California Press, 2006.

22 Consulta https://yougov.co.uk/news/2015/08/12/british-jobs-meaningless.

23 Consulta http://evonomics.com/why-capitalism-creates-point less-jobs-david-graeber.

24 Ese fue el tema de mi libro *Standpoints: 10 Old Ideas in a New World*, Polity, 2018.

CAPÍTULO 2. PERSEGUIR EL BIEN

25 La idea de finitud como condición existencial para los valores humanos se cubre en *Standpoints*.

26 Knud Ejler Løgstrup, *La exigencia ética*, Thémata, Sevilla, 2020, p. 19.

27 Sennett escribe sobre esto en *El declive del hombre público*, Anagrama, Barcelona, 2011.

28 Consulta http://www.naturalthinker.net/trl/texts/Kierkegaard, Soren/PurityofHeart/showchapter4.html.

29 *Ibidem*.

30 Søren Kierkegaard, *Discursos edificantes*, Trotta Editorial, Barcelona, 2010, p. 38.

31 *Ibidem*, p. 39.

32 Este es un tema principal de mi libro *Standpoints*.

33 Søren Kierkegaard, *Discursos edificantes*, pp. 51-52.

34 H. Gollwitzer, K. Kuhn y R. Schneider (eds.), *Dying We Live*, Fontana, 1976.

35 También lo analicé en *Standpoints*.

36 Publicado en la colección de ensayos del mismo nombre: Harry G. Frankfurt, *La importancia de lo que nos preocupa*, Katz Editores, Madrid, 2006, p. 89.

37 Lise Gormsen, «Doktor, hvordan skal jeg leve mit liv?», en C. Eriksen (ed.), *Det meningsfulde liv*, Aarhus Universitetsforlag, 2003.

38   En este libro uso las palabras *ética* y *moral* como sinónimos. La primera procede del griego y la segunda, del latín. Originalmente, cuidar de rosas en el jardín tendría significado ético ya que el término hace referencia a toda la forma que adopta una vida. Aristóteles probablemente habría usado la palabra de ese modo, pero hoy en día los conceptos de ética y moral son más estrictos y no hay consenso sobre la distinción entre ambos.

39   Harry G. Frankfurt, *La importancia de lo que nos preocupa*, Katz Editores, Madrid, 2006, p. 89.

40   Adam Phillips, *Missing Out: In Praise of the Unlived Life*, Farrar, Straus and Giroux, 2012.

41   *Ibidem*, p. xv.

42   Max Weber, *La ética protestante y el espíritu del capitalismo*, Alianza Editorial, Madrid, 2012.

CAPÍTULO 3. EL VALOR DE LA MODERACIÓN

43   Consulta la nota 38 del capítulo 2 para ver el comentario sobre los términos *ética* y *moral*.

44   Un artículo clásico es Daniel Kahneman, Jack L. Knetsch y Richard H. Thaler, «Fairness and the Assumptions of Economics», *Journal of Business* 59 (1986), S285-S300.

45   Los resultados del estudio de Engel están disponibles en: https://www.coll.mpg.de/pdf_dat/2010_07online.pdf.

46   Donald Winnicott, «The Theory of the Parent-Infant Relationship», *International Journal of Psychoanalysis* 41 (1960), 585-595.

47   El concepto de nihilismo pasivo se ha tomado del filósofo Simon Critchley. Consulta su libro *La demanda infinita: La ética del compromiso y la política de la resistencia*, Marbot Ediciones, Barcelona, 2010.

48   Lo siguiente se basa en Søren Kierkegaard, *Los lirios del campo y las aves del cielo*, Trotta Editorial, Barcelona, 2007.

49   *Ibidem.*

50   Karl Ove Knausgård, *En primavera*, Anagrama, Barcelona, 2018.

51   Kierkegaard, *Los lirios del campo y las aves del cielo.*

52   También remito al excelente libro de Anne-Marie Christensen, *Moderne dydsetik – arven fra Aristoteles* [Ética de la virtud moderna: El legado de Aristóteles], Aarhus University Press, 2008.

53   Harry Clor, *On Moderation: Defending an Ancient Virtue in a Modern World*, Baylor University Press, 2008.

54   *Ibidem*, p. 10. Desde que Harry Clor escribió esas palabras, su país ha elegido a Donald Trump como presidente, y no importa lo que puedas pensar al respecto, es evidente que Trump representa justo lo contrario, es decir, la retórica inflamatoria y de confrontación («¡Enciérrenla!»).

55   Paul Ricoeur, *Sí mismo como otro*, Siglo XXI Editores, Madrid, 1996.

56   Analicé esto en mi libro *Identitet: Udfordringer i forbrugersamfundet* [Identidad: Retos de la sociedad de consumo], Klim, 2008.

57   Kenneth Gergen, *Realidades y relaciones*, Paidós Ibérica, Barcelona, 2016, p. 1996.

58   Goodin, *On Settling*, p. 64.

CAPÍTULO 4. NUBES DE AZÚCAR Y CINTAS
DE CORRER

59   Walter Mischel, *El test de la golosina: Cómo entender y manejar el autocontrol*, Debate, Madrid, 2015.

60   El experimento y la historia de su recepción se examinan en Ole Jacob Madsen, *'Det er innover vi må gå'. En kulturpsykolo-*

gisk studie av selvhjelp [Debemos mirar hacia dentro: Estudio psicológico y cultural de la autoayuda], Universitetsforlaget, 2014.

61 Alan Buckingham, «Doing Better, Feeling Scared: Health Statistics and the Culture of Fear», en D. Wainwright (ed.), *A Sociology of Health*, Sage, 2008.

62 Celeste Kidd et al., «Rational Snacking: Young Children's Decision-making on the Marshmallow Task is Moderated by Beliefs About Environmental Reliability», *Cognition* 126:1 (2013), 109-114. Se puede encontrar una discusión más detallada en Madsen, ' *Det er innover vi må gå'. En kulturpsykologisk studie av selvhjelp*.

63 Este era uno de los puntos principales de mi libro *Sé tú mismo*, que criticaba la tendencia a individualizar cualquier problema que se pudiera tener y someterlo a una perspectiva psicológica.

64 Presento argumentos de este efecto en el libro *Standpoints*.

65 Pedersen, *Konkurrencestaten*, p. 190.

66 William Davies, *La industria de la felicidad: Cómo el gobierno y las grandes empresas nos vendieron el bienestar*, Malpaso Editorial, Barcelona, 2016.

67 Shane Frederick, y George Loewenstein, «Hedonic Adaptation», en D. Kahneman, E. Diener y N. Schwarz (eds.), *Well-Being: The Foundations of Hedonic Psychology*, Russell Sage Foundation, 1999, p. 302.

68 *Ibidem*, p. 313.

69 Citado de http://www.gutenberg.org/files/1672/1672-h/1672h.htm.

70 Julie Norem, *El poder positivo del pensamiento negativo*, Paidós Ibérica, Barcelona, 2010.

71 Lo siguiente fue publicado con otra forma en un artículo de opinión en el periódico *Politiken*: http://politiken.dk/debat/debatindlaeg/art5856925/Det-er-den-positive-t%-C3%A6nkning-der-har-l%C3%A6rt-Trump-at-han-bare-kan-skabe-sin-egen-virkelighed.

72 Barry Schwartz, *Por qué más es menos. La tiranía de la abundancia*, Taurus, Barcelona, 2005.

73 Adam Alter, *Irresistible: ¿quién nos ha convertido en yonquis tecnológicos?*, Paidós Ibérica, Barcelona, 2018. Lo siguiente recicla pasajes de un artículo que escribí en *Politiken*: http://politiken. dk/kultur/art5935742/Mindst-hvert-femte-minut-m% C3%A6rker-jeg-en-trang-til-at-tjekke-min-smartphone.

74 Consulta S. Baron, Naomi, *Words Onscreen: The Fate of Reading in a Digital World*, Oxford University Press, 2015.

CAPÍTULO 5. LA ALEGRÍA DE PERDERSE COSAS

75 Este ha sido un tema principal en el trabajo de mi colega Lene Tanggaard sobre creatividad, que considero de lo más inspirador.

76 En la serie de Rosenkjær *Det meningsfulde liv* [La vida significativa], emitida por primera vez el 27 de septiembre de 2016.

77 Consulta, por ejemplo, Jørgen Leth, «Tilfældets gifts: En filmisk poetik» [El regalo de la oportunidad: Poesía cinematográfica], *Kritik* (2006), 2-10; y *Leth og Kedsomheden* [Leth y el aburrimiento], Information Publishing, 2007.

78 Michel Foucault, «On the Genealogy of Ethics: An Overview of Work in Progress», en Paul Rabinow (ed.), *The Foucault Reader*, Penguin, 1984.

79 Schwartz, *Por qué más es menos*.

80 *Ibidem*, p. 229.

81 Mary Douglas, *Pureza y peligro*, Siglo XXI, Madrid, 2000, p. 128.

82 Anthony Giddens, *Modernidad e identidad del yo: el yo y la sociedad en la época contemporánea*, Edicions 62, Barcelona, 1995. Consulta también mi análisis de su trabajo en mi libro de 2008 *Identitet: Udfordringer i forbrugersamfundet*, de donde se han extraído algunos de estos pasajes.

83 Giddens, *Modernidad e identidad del yo*, p. 204.
84 Anthony Holiday, *Moral Powers: Normative Necessity in Language and History*, Routledge, 1988.
85 Simone Weil, *Echar raíces*, Trotta Editorial, Barcelona, 2014.
86 Lo siguiente se basa en un artículo de opinión publicado originalmente en *Politiken*: http://politiken.dk/kultur/art597 3426/Nej-tak-Hella-Joof-hvorfor-i-alverden-skal-vi-disrupte-vores-liv.
87 Consulta http://politiken.dk/indland/uddannelse/studieliv/ art5961892/Fremtidens-seks-typer-%E2%80%93-som-vi-sk al-uddanne-os-til-hele-livet.
88 El *bullshit bingo* es una parodia en la que, en vez de números, se marcan tópicos vacíos y palabras de moda actuales (*disruptivo, innovación,* etc.). Cuando un mando medio o un consultor usa esas palabras, las tachas de una en una y gritas «¡Bingo!» cuando todo el cartón está lleno. El objetivo del juego es desmontar presentaciones cargadas de clichés.
89 Consulta Wilkinson y Pickett, *Desigualdad: Un análisis de la (in)felicidad colectiva*, Turner, Madrid, 2009.
90 Consulta Søren Kierkegaard, *La repetición*, Trotta Editorial, Barcelona, 2019.
91 Matthew B. Crawford, *The World Beyond Your Head: On Becoming an Individual in an Age of Distraction*, Farrar, Straus and Giroux, 2015.